경제적 사고

publishing and culture
피앤씨미디어

머리말

우리는 항상 선택에 직면한다. 그 이유는 우리 인간의 욕구가 무한하여 그 욕구가 충족되면 새로운 욕구가 창출되므로 경제가 발전하더라도 욕구 충족 대상인 재화가 욕구에 비해 부족하기 때문이다. 욕구에 비해 재화가 부족한 상황을 희소성의 세상이라고 한다.

희소성의 세상에서는 항상 선택에 직면하므로 우리는 합리적으로 선택해야 한다. 합리적인 선택이 되려면, 그 선택으로 얻는 가치(편익)가 포기하는 가치(기회비용)보다 커야 한다. 그와 반대되는 것을 선택하면, 포기하는 것이 얻는 것보다 크기 때문이다.

포기하는 기회비용에는 화폐로 지출되어 명백히 파악되는 것(명시적 비용)도 있지만, 화폐로 지출되지 않아서 잘 파악되지 않는 것(잠재적 비용)도 있다. 따라서 합리적인 선택을 위해서는 먼저 기회비용을 올바르게 인식해야 한다. 다시 말해, 합리적인 선택을 위해 항상 기회비용을 고려해야 한다.

합리적인 선택을 위해서 또 하나 더 인식해야 하는 것이 있는데. 그것은 한계적 사고이다. 선택할 때, 선택시점 이전의 편익과 기회비용을 고려해서는 안 된다. 항상 선택시점 이후의 편익과 기회비용을 고려해야 한다. 선택시점 이전의 편익과 기회비용은 선택의 편익과 기회비용이 아니므로 그것들을 고려하면 비합리적인 선택이 된다. 이처럼 선택시점 이후의 편익을 한계편익, 선택시점 이후의 기회비용을 한계 기회비용(보통 줄여서 한계비용)이라고 한다. 한계라는 의미는, 본문에서 상세히 설명되는 것처럼, 선택시점으로부터 추가되는 것이다. 따라서 합리적인 선택이 되려면, 한계편익이 한계비용보다 커야 한다.

이처럼 합리적 선택을 위해 우리는 항상 기회비용적 사고와 한계적 사고를 인식해야 한다.

우리가 직면하는 선택은 직접 개인이 하는 것도 있지만 간접적으로 이루어지는 경우도 많다. 예를 들어, 어떤 정책이 시행된다거나 어떤 법이 제정된다면, 그것은 간접적으로 선택이 이루어진 것이다. 그로 인해 우리 개인의 삶이 영향을 받는다. 따라서 우리는 직접 선택으로 인한 편익과 기회비용뿐만 아니라 정책이나 법의 편익과 기회비용도 잘 파악해야 한다.

기회비용은 명시적 비용뿐만 아니라 잠재적 비용도 있다는 점도 중요하지만, 정책이나 법의 기회비용을 올바르게 파악하기 위해 단기적 효과뿐만 아니라 중장기적 효과도 살펴봐야 한다. 정치인과 정부는 과시적 효과를 위해 단기적 효과에만 집중하는 경향이 있어서 그들은 단기적 효과만을 선전과 선동하는 경우가 대다수이다. 그런데 우리 국민은 단기적 효과뿐만 아니라 중장기적 효과에도 직접 영향을 받는다. 따라서 우리는 이런 정책과 법의 중장기적 효과까지 파악해서, 그런 정책과 법의 시행 여부에 대해 정부와 정치인에게 요구해야 한다.

이처럼 우리에게는 합리적인 선택을 위한 경제적 사고의 인식이 아주 중요하다. 필자는 우리 국민이 이런 사고를 쉽게 인식할 수 있도록 이 책을 집필하게 되었다.

이런 목표 달성을 위해, 필자는 현실에서 일어나는 사례와 가상의 사례를 통해 설명하였으므로 여러분이 쉽게 경제적 사고를 인식할 수 있고, 정책과 법의 효과도 잘 분석하는 능력을 배양할 것으로 기대합니다. 그리고 이 책의 구성이 31개의 강으로 구성되어 있으므로 여러분이 하루 1개 강씩 독서한다면, 한 달 만에 경제적 사고의 인식과 그리고 정책과 법의 효과 분석 능력이 배양될 것입니다. 그 이후 여러분의 삶은 질적으로 양적으로 모두 더 윤택해질 것입니다.

이 책의 출간을 위해 지원을 아끼지 않으신 피앤씨미디어의 박노일 사장님을 비롯한 임직원 여러분께 감사의 말씀을 드립니다.

끝으로 미진한 부분이나 오류에 대해서는 전적으로 필자의 책임입니다. 필자는 이에 대한 질책이나 충고를 겸허하게 수용합니다.

2024년 2월

저자 이승모

차 례

CHAPTER 01

우리는 왜 항상 선택에 직면하는가?

우리는 아침에 일어날 때, 지금 바로 일어날까? 아니면 5분 더 자고 일어날까? 아침을 먹을까 말까? 먹는다면, 무엇을 먹을까? 출근할 때, 대중교통 수단을 이용할까? 택시 혹은 본인 차를 이용할까? 퇴근 후 바로 집에 갈까? 영화를 보러 갈까? 야구 구경 갈까? 동료들과 술 한잔하고 갈까? 등등.

기업인들은 무엇을 생산할까? 얼마나 생산할까? 어떻게 생산할까? 누구를 고용해야 하는가? 어떻게 판매할까? 등등.

대학 수험생들은 어떤 학과를 지원할까? 어떤 대학을 지원할까? 대학생들은 어떤 강좌를 수강 신청할까? 중간고사나 기말고사 때, 시험 준비시간을 어떻게 배정할까? 졸업하면, 취직할까? 자영업을 운영할까? 등등.

의사들은 어떤 전문의가 될까? 전문의 취득 후 병원에 취업할까? 개업할까? 개업한다면, 어디서 할까? 등등.

결혼 적령기가 되었을 때, 결혼할까? 미혼으로 지낼까? 결혼한다면, 자식을 낳을까? 자식 없이 부부끼리 재미있는 삶을 지낼까? 자식을 낳는다면, 몇 명 나을까?

은퇴 후에 어떻게 지낼까? 자식들에게 사망 후 장례를 어떻게 지내라고 할까? 등등.

이처럼 우리는 요람에서 무덤까지 항상 선택에 직면한다. 그 이유는 무엇일까?

인간 세상은 희소성의 세상이기 때문이다. 희소성의 세상이란 우리 인간의 욕구에 비해 그 충족 수단인 재화가 상대적으로 부족한 상황을 의미한다. 욕구에 비해 재화가 상대적으로 부족한 이유는 일차적으로 재화 생산에 투입되는 자원들이 유한하기 때문이다. 즉, 유한한 자원들을 투입하여 재화를 생산하더라도 우리 인간들의 욕구들을 모두 다 충족할 수 없기 때문이다.

그렇지만 도구와 기계 등의 발명으로 기술 수준이 향상되면 주어진 자원으로 우리는 더 많은 재화를 생산할 수 있다. 그 결과 욕구를 충족하고도 남을 정도로 재화가 생산될 수 있다. 그러면 우리는 희소성에서 벗어나는 것처럼 보인다.

하지만 우리는 결코 희소성에서 벗어날 수 없다. 그 이유는 우리 인간의 욕망이 끝이 없기 때문이다. 우리는 서 있으면 앉고 싶고, 앉으면 눕고 싶다. 이처럼 우리 인간의 욕구는 충족되자마자 보다 더 높은 새로운 욕구가 항상 생기는 것이다. 우리 인간들의 욕구가 무한하므로 기술 수준이 발전하여 더 많은 것들이 생산되더라도 우리는 희소성에서 벗어날 수 없다.

희소성의 세상에서 우리 인간들은 반드시 다음과 같은 상황에 직면한다. '자원이용의 경합성'과 '소비의 경합성'에 직면한다.

자원이용의 경합성이란 어떤 자원을 한 용도로 사용하면 다른 용도로 사용할 수 없으므로 자원이용에 대한 경합이 발생하는 것이다. 예를 들어, 친구들이 모여서 주어진 시간에 축구를 하면 농구나 야구를 할 수 없다. 축구를 하고 싶은 사람, 농구를 하고 싶은 사람, 야구를 하고 싶은 사람 간 자신이 원하는 것을 하기 위해 서로 다투게 된다. 이런 자원 이용에 관한 갈등은 나와 타인 간에서만 발생하는 것이 아니라 로빈슨 크루소처럼 무인도에서 혼자일 경우에도 발생한다. 그도 역시 축구를 하면 다른 운동을 할 수 없기 때문이다.

소비의 경합성이란 생산된 재화에 대해 어떤 개인이 얼마만큼 차지하면 타인들에게는 그만큼 적게 남겨지므로 생산물에 대한 경합이 발생하는 것을 의미한다. 예를 들어, 사과가 10개 있을 때, A가 8개를 차지하면 나머지 구성원들에게는 10개 중 8개를 제외한 2개만 남겨지게 되므로 서로 사과를 차지하려고 다투게 된다. 이런 갈등은 로빈슨 크루소처럼 혼자일 경우에는 발생하지 않는다.

따라서 인간사회는 희소성의 법칙에 지배받기 때문에 반드시 다음과 같은 근본 문제에 직면하게 되고 그것을 해결해야 한다. 자원이용의 경합성으로부터 발생하는 갈등을 해결하기 위해 희소한 자원으로 "① 무엇을 얼마나 생산할 것인가?(무엇을 얼마나 할 것인가?) ② 어떻게 생산할 것인가?"라는 생산 문제를 해결해야 한다. 또한 소비의 경합성으로부터 발생하는 갈등을 해결하기 위해 "③ 생산된 것을 어떻게 나눌 것인가?"라는 분배 문제도 해결해야 한다.

이처럼 우리 인간들은 희소성의 법칙에 지배받기 때문에 자원이용의 경합성과 소비의 경합성으로 인해 재화의 생산과 분배에 관련된 문제에 반드시 직면하고 그것을 해결해야만 하는 것이다. 이런 점에서 생산과 분배 문제를 경제의 근본 문제라 한다. 이런 근본 문제를 해결하는 과정에서 불황, 실업, 인플레이션 등 다양한 경제문제들도 발생한다. 따라서 경제학은 인간의 더 나은 삶을 위해 재화의 생산과 분배에 관한 문제를 다루는 학문이다.

우리는 희소성의 세계에 살고 있다. 따라서 우리는 희소한 자원을 욕구 충족의 극대화가 이루어지도록 이용해야 한다. 그 과정에서 우리는 희소한 자원으로 무엇을 얼마나 어떻게 만들 것인지를 결정해야 한다. 결정한다는 것은 여러 가지 대안 중 하나를 택해야 하는 것(즉 선택해야 하는 것)이다. 따라서 우리는 항상 선택에 직면한다.

CHAPTER 02

경제적 사고 I : 기회비용적 사고

우리는 어떻게 선택할까? 이를 파악하기 위해, 여러분이 다음과 같은 상황에 직면해 있다고 간주해 보자. 3시간의 여유 시간이 있다면, 여러분은 어떤 운동을 할 것인가? 독자가 축구의 가치를 농구의 가치보다 높게 평가하면 축구를 할 것이고, 농구의 가치를 높게 평가하면 농구를 할 것이다. 이런 결정 과정을 살펴보면, 다음과 같은 것을 알 수 있다.

여러분은 그 시간에 할 수 있는 축구의 가치와 농구의 가치를 서로 비교하여 선택한다. 여러분이 축구와 농구의 가치를 각각 100, 90으로 평가한다면, 여러분은 축구를 할 것이다. 이것을 다른 측면으로 보면, 여러분이 선택할 때 어떤 행위를 함으로써 얻는 가치가 포기한 가치를 비교하여 선택한다. 축구를 선택하면 얻는 가치가 100이고 포기한 가치는 농구의 가치인 90이다. 얻는 가치가 포기한 가치보다 크므로 축구를 선택한 것이다. 농구를 선택하지 않은 것은 얻는 가치 90보다 포기한 가치 100(즉, 축구의 가치)보다 작기 때문이다. 따라서 우리는 무엇을 할 것인가라는 선택에 직면할 때, 어떤 행위를 함으로써 얻는 가치가 포기한 가치보다 클 때 그 행위를 선택한다는 결론을 내릴 수 있다.

어떤 행위를 함으로써 얻는 가치를 '편익(benefit)'이라고 하며, 그로 인해 포기한 가치를 '기회비용(opportunity cost)'이라 한다. 우리는 선택할 때 항상 편익과 기회비용을 비교한다. 어떤 행위의 편익이 기회비용보다 크면 그것을 하고, 반대이면 그것을 하지 않고 다른 것을 한다. 희소성의 세계에서 합리적인 선택을 하려면 항상 기회비용을 고려해야 한다.

방금 기회비용은 포기한 가치라고 정의하였다. 그것의 정확한 의미는 포기된 것 중 가장 가치 있는 것이다. 주어진 시간에 축구를 하거나 농구를 하거나 야구를 할 수 있다고 하자. 그것들의 가치를 각각 100, 90, 80으로 평가한다면, 축구의 기회비용은 무엇인가?

축구의 기회비용은 농구와 야구 둘 모두는 아니다. 축구를 하지 않을 때, 농구와 야구를 동시에 할 수 있는 것은 아니다. 어느 한 가지만 할 수 있다. 그러면 농구와 야구 중 어느 것이 포기된 것인가? 누구든 가치가 큰 것을 포기한다고 생각하기 때문에 농구이다. 따라서 기회비용은 포기된 것 중 가장 가치 있는 것이다.

우리가 무엇을 하던 그것은 그 행위에 사용되는 자원을 가지고 할 수 있는 여러 대안 중에서 선택한 것이다. 이런 점에서 기회비용은 바로 '선택의 대가'이다. 따라서 우리가 어떤 선택을 하더라도 반드시 기회비용이 수반된다. 선택할 때 기회비용을 고려하는 것이 바로 경제적으로 사고하는 것이다. 왜냐하면, 희소한 자원을 보다 높은 가치를 지닌 용도로 이용하려면 반드시 기회비용적 사고가 필수이기 때문이다.

기회비용은 통상적으로 사용하는 비용과는 다르다. 통상적인 비용은 무엇을 얻기 위해 '화폐로 지출된 것'이다. 반면 기회비용은 위에서 본 것처럼 '포기된 것'이다. 이런 차이점을 보여주기 위해 '포기된 것'을 단순히 비용이라 하지 않고 앞에 형용사 '기회'라는 말을 덧붙였다. 기회비용은 포기된 기회의 가치이기 때문이다.

그렇다면 기회비용은 통상적인 비용과의 구체적으로 어떤 차이가 있는지를 파악하기 위해 대학 생활의 비용을 고려해 보자. "일반적으로 대학 생활의 비용이 얼마인가?"라고 질문하면, 독자나 대부분 학생이 "등록금, 책값, 잡비 등"이라고 대답한다. 그들은 단지 화폐로 지출된 통상적인 비용만 언급한 것이다.

그렇다면, 대학 생활의 기회비용은 무엇인가? 기회비용은 포기된 것이므로, 등록금 등의 화폐 지출은 다른 용도에 지출함으로써 얻을 수 있는 것을 포기한 것이 분명하므로 당연히 기회비용에 해당한다. 이것 외에도 기회비용에 포함되는 것이 있다. 그것은 화폐로 지출되지는 않았지만 포기된 것들이다. 만약 대학에 진학하지 않고 직장생활을 했다면, 여러분은 4년 동안의 상당한 소득을 획득할 수 있다. 이 소득은 대학 생활을 함으로써 포기한 것이므로 기회비용에 포함된다. 또한 등록금이나 책값을 은행에 정기예금을 해두었다면 얻을 수 있는 이자 수입도 포기한 것이다. 따라서 이런 것들도 대학 생활의 기회비용에 포함된다.

대부분 프로선수는 대학에 진학한 후 프로로 가기보다는 고등학교 졸업 후 바로 프로로 입문하고 있다. 그들이 그렇게 한 이유는 대학 진학의 기회비용이 편익보다 크다고 생각했기 때문이다.

이처럼 대학 생활의 기회비용, 즉 대학 생활로 포기한 것은 매우 크다. 따라서 대학 진학이 올바른 선택으로 되려면, 대학 진학으로 얻는 편익이 기회비용보다 커야 한다. 이것을 생각한다면 대학생은 대학 생활을 어떻게 해야 하는지 자명하다. 그렇게 할 수 없다면 중퇴하고 다른 일을 하는 것이 올바른 선택이다.

기회비용 중 포기된 것인데도 불구하고 화폐로 지출되지 않는 것을 잠재적 비용 또는 암묵적 비용이라고 한다. 잠재적 비용은 자신 소유 자원에 대한 대가이다. 대학 생활을 하지 않고 직장생활을 했더라면 얻을 수 있는 수입은 자신 노동의 대가이며, 등록금을 예치했다면 얻을 수 있는 이자 수입은 자신 소유 등록금의 대가이다.

자신 소유 자원에 대한 대가인 잠재적 비용은 화폐로 지출되지 않았지만, 분명히 포기된 것이므로 기회비용에 포함되어야 한다. 따라서 올바른 선택과 행동을 위해서는 반드시 잠재적 비용도 고려해야 한다.

그러므로 기회비용과 통상적 비용 간의 관계를 다음과 같이 나타낼 수 있다.

기회비용＝통상적 비용＋잠재적 비용(암묵적 비용)

통상적 비용이 '보이는 것'이라면 잠재적 비용은 '보이지 않는 것'이다. 기회비용에는 보이는 것뿐만 아니라 보이지 않는 것도 분명히 있다. 우리 인생사에 있어서 선택의 순간에 보이는 것만 보지 말고 보이지 않는 것도 볼 수 있어야 한다는 시사점을 기회비용이 그대로 나타내고 있다. 그래서 다시 강조하지만 우리는 기회비용적 사고에 익숙해져야 하는 것이다. 세상에는 보이지는 않더라도 그 속에는 반드시 치르는 대가가 있다.

또 다른 예를 통해서 기회비용적 사고를 테스트해보자. 독자가 어떤 건물을 소유하고 있으며, 현재 월 150만 원 세를 받고 있다고 가상해보자. 계약기간이 끝나면서, 독자가 직접 그 건물을 이용하여 옷 가게를 운영했다. 그 결과 수지를 살펴보니 다음과 같다. 월 총비용이 500만 원, 판매 수입이 600만 원이었다. 한 달 이익이 100만 원이다. 3달째 거의 같은 이익이 발생하며, 앞으로도 계속 같은 정도의 이익이 발생할 것으로 예상한다. 이런 경우, 독자는 옷 가게를 계속 운영할 것인가?

여러분은 분명히 옷 가게를 직접 운영하지 않고 세를 줄 것이라고 답할 것이다. 수지상으로는 가게 운영으로 100만 원의 수익을 낳지만, 세를 줄 때 비해 50만 원의 수익이 줄어들고 있기 때문이다. 이때 분명히 가게 운영으로 포기된 월세 수입(즉, 잠재적 비용)을 고려한다. 가게 운영의 기회비용은 통상적 비용(500만 원)과 잠재적 비용(150만 원)을 더한 650만 원이고, 편익은 판매 수입 600만 원이다. 따라서 편익에서 기회비용을 제한 순편익이 -50만 원이 나온다. 순편익이 음(-)이라는 것은 잘못된 선택이라는 것을 의미하고, −50만 원이라는 것은 다른 선택(즉, 임대)보다 50만 원 적게 번다는 것을 의미한다. 이 경우에도 합리적 선택을 위해서는 기회비용(=통상적 비용 + 잠재적 비용)을 고려하는 것이 적절하다는 점을 명백히 보여준다.

또 다른 예를 살펴보자. 저자가 직접 겪은 사례이다. 약 30년 전 대부분 가정에서는 차를 1대 정도 보유하고 있었다. 어느 날 아내가 자신의 볼 일과 아이들과 함께 이동하기 위해서는 차가 한 대 더 필요하다고 하면서 어떤 차를 구입해야 할 지 나에게 자문하였다. 나는 우선 차를 구입할 돈이 있는지를 질문하였더니, 한 달 후에 적금을 찾을 수 있다고 했다. 그래서 필자는 아내애게 구입한다면 A라는 차가 좋을 것이라고 답을 하면서 동시에 다음과 같이 덧붙여 말했다. "그 차를 구입함으로써 포기되는 것이 무엇인지를 생각해 보세요." 며칠 후 A라는 차를 구입하기로 결정했는지를 물어보니 차를 구입하지 않기로 했다고 하였다. 그 이유는 차를 구입함으로써 혜택보다도 포기하는 것이 크기 때문이라고 했다. 차를 구입하지 않는다면 그 돈으로 우리 가족이 할 수 있는 것이 아주 많고, 조금 불편하지만, 꼭 필요하면 택시를 이용하면 될 것이라고 했다. 이처럼 우리는 선택할 때 기회비용을 고려함으로써 합리적인 선택을 할 수 있다.

방금 무엇이 필요하다고 할 때 과연 그것이 정말 필요한 것인지 판단하려면, 편익과 기회비용을 비교해야 한다. 다음 강에서, 이것에 관해 좀 더 상세히 살펴보자.

CHAPTER 03

필요한 것은 무엇인가?

우리는 흔히 "무엇이 필요하다"라고 주장한다. 고속도로, 전철, 돔구장, 복지시설 등등 여러 가지. "더 많은 고속도로가 필요하다"라고 할 때, 이 말의 진정한 의미는 무엇인가? 그 의미는 그것이 정말로 '필요'한 것인가를 파악해 봄으로써 알 수 있다.

새로운 고속도로를 건설하기 위해서는 많은 자원(노동과 건설장비 등)이 소요된다. 그 자원들을 구입하기 위해서는 돈이 있어야 한다. 고속도로 건설에 사용될 돈을 고속도로가 필요하다고 주장하는 사람들 자신들이 지불해야 한다면 과연 그들은 그것이 필요하다고 주장할 것인가?

아마도 그들은 필요 없다고 할 것이다. 이처럼 일상적으로 사용하는 '필요'라는 개념은 없어서는 안 되는 의미가 아니라 단지 자신들의 소망을 나타내는 것일 뿐이다.

이에 대해 다수는 다음과 같이 주장한다. 즉, 그것이 건설됨으로써 우리 사회가 얻을 수 있는 가치가 있으므로 국민이 납부한 세금으로 건설해야 한다고 한다. 그들의 주장도 역시 고속도로 건설의 편익만을 강조하고 있다. (기회)비용을 무시하고 있다. 우리는 고속도로 건설에 소요되는 세금으로 고속도로 건설 이외의 다른 다양한 용도로 사용할 수 있다. 복지, 문화, 양질의 물, 교육 등등. 우리는 고속도로 건설로 이런 것들을 포기해야 하는 것이다. 이런 것들의 가치가 새로운 고속도로의 가치보다 크다면 과연 새로운 고속도로가 필요하다는 주장이 타당한가? 그렇지 않다.

따라서 우리는 그것이 진정 필요한 것인지를 검토하기 위해서는 그것의 편익뿐만 아니라 반드시 (기회)비용을 따져 봐야 한다. 즉, 비용-편익 분석이 필요한 것이다. 그래서 관공서 등에서 어떤 사업을 시행할지에 대한 타당성 검토를 위해 비용–편익 분석하는 것이다. 이때, 유의할 점이 있다. 비용을 통상적인 비용으로 추계해서는 안 되고 반드시 기회비용을 추계해야 한다. 그런데 흔히 비용–편익 분석할 때, 비용을 통상적인 비용으로 추계하는 문제점이 있다.

그러므로 "누가 무엇이 더 필요하다"라고 말하는 것은 좋게 봐주면 기회비용에 대한 무지의 결과라고 볼 수 있다. 이런 점을 알면서도 그렇게 주장하는 것은 그 비용을 타인들이 부담하도록 유도하거나 타인들의 사고를 교란하는 것으로서, 말하는 사람의 나쁜 마음이 내포된 것으로 볼 수 있다.

무엇을 생산하든 항상 기회비용이 수반되므로 무엇이 필요하다고 말하는 사람에게 항상 다음과 같은 질문을 해야 한다: "그 비용을 당신이 부담할 것인가?" 그리고 "그것을 얻기 위해서 어떤 재화 또는 어떤 욕구를 포기할 것인가?" 다시 말하면, 그렇게 하는 것이 무엇을 희생하는지 그리고 누구를 위한 것인지를 파악할 필요가 있다.

실제, 고속도로, 전철, 돔구장, 복지시설 등의 건설을 민간이 추진한다면 필연적으로 기회비용을 고려하여 판단할 것이다. 왜냐하면, 기회비용을 고려하지 않으면 그들은 더 큰 이익을 볼 기회를 놓치거나 손해를 보는 행위를 하기 때문이다. 그들이 판단해서 타당성이 없다면 그것은 실제로 필요한 것이 아니다. 그러나 관공서가 주관하는 비용-편익 분석에서는 편익을 과대하게 추계하거나 비용을 통상비용으로 추계함으로써 과소 추정할 가능성이 높다. 외국에서는 이런 것들을 민간 투자로 이루어지는 경우가 많으며, 우리나라에서도 민간 투자로 이루어지는 경우가 많아지고 있다. 이것은 좋은 경향이다.

CHAPTER 04

무료는 공짜인가?

무료 진료, 무료 주차 등 우리는 '무료'라는 형용사가 붙으면 으레 '공짜'라고 생각한다. 공짜라고 생각하는 이유는 진료나 주차를 위해 돈을 지출하지 않기 때문이다. 하지만 실제로 공짜가 되려면 희생하는 것, 즉 치르는 대가가 없어야 한다. 다시 말하면 그것을 하기 위해 포기하는 것이 없어야 한다. 이런 점에서 무료 진료가 공짜인지를 검토해 보자.

유료 진료에서 무료 진료로 바뀌면 화폐로 지출하는 진료비는 0이다. 하지만 유료 진료에서 무료 진료로 바뀌면 어떤 일이 일어날까? 환자들의 수가 증가할 것이다. 그 결과 진료를 받기 위한 대기시간이 아주 많이 증가할 것이다. 화폐 지출은 감소하지만, 대기시간은 늘어난다.

대기시간의 증가로 우리는 포기하는 것이 없는가? 대기시간이 늘어남으로 우리는 그 시간에 할 수 있는 다른 것을 포기하는 것이다. 친구와 연인 혹은 가족 간의 대화, 독서, 영화감상 등의 다른 일들을 포기하고 그로부터 얻을 수 있는 가치를 포기하는 것이다. 따라서 무료 진료는 실제로 공짜가 아니다.

무료 진료는 개인 측면에서도 공짜가 아니지만 사회 측면에서 보면 더욱 공짜가 아니다. 무료 진료를 위해서 다른 사람이 희생한다. 의사가 무료 진료에 대한 대가를 국가나 정부로부터 받지 않으면 의사는 그 시간에 자신이 할 수 있는 어떤 것을 포기하는 것이다. 유료 진료로부터 받을 수 있는 화폐소득 혹은 친구 또는 가족 간의 대화, 독서, 영화감상 등으로부터 얻을 수 있는 만족감을 포기하는 것이다. 정부가 진료비를 지원한다면, 그 돈으로 할 수 있는 다른 공공사업(도로, 문화 및 복지회관 등)을 포기하는 것이다. 또한 정부 지원을 위해 누군가 세금을 더 많이 납부해야 한다면, 그 사람이 그 돈으로 할 수 있는 것을 포기한 것이다. 따라서 무료라는 것이 공짜를 의미하는 것이 아니라는 것을 알 수 있다. 자신은 화폐적 지출을 하지 않지만 다른 대가를 치르고 있고, 타인들도 대가를 치르고 있다.

무료 주차의 경우도 마찬가지다. 관공서나 공영주차장은 무료 주차이다. 우리가 관공서나 공영주차장에 주차하기 위해 많은 시간을 대기해야 한다. 대기시간 동안 우리는 다른 것을 포기해야 한다. 관공서나 공영주차장 주위에 유료 주차장이 있다. 유료 주차장에 주차하는 사람은 반드시 돈이 많기 때문은 아니다. 관공서나 공영주차장에 무료 주차하기 위해 대기하는 동안 포기해야 하는 것이 유료 주차비보다 크기 때문에 유료 주차하는 것이다.

이처럼 우리가 무엇을 하면 반드시 자신이나 타인이 다른 것을 포기해야 한다. 그러므로 이 세상에는 공짜가 없다. 하지만 선물이나 자선 같은 경우에는 공짜가 아니냐고 반문할 수 있다. 그 경우에도 그것을 받는 사람에게는 공짜일 수 있으나, 제공자는 그것으로 할 수 있는 다른 것을 포기하기 때문에 그 제공자가 대신 대가를 치르고 있다. 따라서 선물과 자선의 경우에도 사회적으로는 공짜가 아니다. 만약 선물이 무엇에 대한 대가라면 그것은 공짜가 아니다.

그럼, 인간 세상에는 공짜가 정말로 없나? 있다. 정상적인 곳의 공기는 공짜이다. 숨 쉬는 데 필요한 공기는 우리의 욕구에 비해 많다. 공기가 남아서 다른 곳에 이용되지 않고 있다. 따라서 우리가 숨 쉬는 데 사용된 공기로 인해 포기된 것이 없기 때문에 정상적인 곳의 공기는 공짜이다. 하지만 오염된 곳, 높은 산, 물속에서의 공기는 우리의 욕구에 비해 부족하므로 공짜가 아니다. 정상적인 곳의 공기처럼 공짜인 재화를 '자유재(free goods)'라고 한다.

정상적인 곳의 공기 사용을 제외하고는 무엇을 하든지 공짜가 없는 근본적인 이유는 무엇인가? 자원들이 희소하기 때문이다. 희소한 자원들은 대안적인 용도들을 갖고 있다. 우리는 자원들을 어떤 욕구 충족을 위해 사용하면 다른 욕구들을 충족할 수 없다. 따라서 우리는 무엇을 하든지 반드시 포기하는 것이 있기 마련이고, 그 결과 공짜가 없는 것이다.

이처럼 "세상에는 공짜가 없다"라는 금언은 올바른 선택을 위해서는 항상 기회비용적 사고를 해야 한다는 것을 의미한다.

CHAPTER 05

경제적 사고 II : 한계적 사고

우리는 합리적인 선택을 위해 기회비용과 편익을 고려해야 한다고 했다[1]. 하지만 합리적인 선택을 위해서는 총비용과 총편익을 고려해서는 안 된다. 여러분이 쇼핑할 때 상황을 고려해 보자. 여러분의 집에 라면이 현재 10개 있다고 하자. 이때 라면 5개 구입으로 인한 편익이 비용보다 크다면 5개를 더 구입할 것이고 반대이면 더 구입하지 않는다. 15개의 편익과 비용을 비교하여 5개를 더 구입할 것인지 결정하지 않는다. 이처럼 우리는 항상 추가되는 양의 편익과 비용만을 고려해서 추가 구입 여부를 결정하는 것이지 보유하고 있는 것까지 포함한 전체의 편익과 비용을 고려하여 결정하는 것이 아니다.

추가되는 비용을 한계비용, 추가되는 편익을 한계편익, 추가되는 수입을 한계수입이라 한다. 추가되는 것에 대해 '한계'라는 형용사를 사용한다. 한계(限界)는 한자 뜻대로 해석하면 경계에 있다

1) 이하에서 기회비용을 비용이라고 사용한다.

는 것을 의미하고, 경제학에서 한계의 의미는 그 경계로부터라는 의미이다. 그 경계란 우리가 선택하고 결정하는 순간을 의미한다. 따라서 경제학에서 한계는 선택하고 결정하는 현재로부터 추가되는 것을 의미한다.

우리 인간들이 선택, 즉 결정에 직면하는 상황은 '총(total)'이 아니라 '한계(marϖginal)'적 상황이므로 한계편익과 한계비용을 비교해서 결정해야 한다. 이처럼 한계편익과 한계비용을 비교해서 결정하는 것을 한계원리라 한다. 한계원리에 따라 선택하는 것이 한계적 사고이다.

한계원리에 따라 결정하는 것이 합리적인 선택인지 그 여부를 구체적인 사례를 통해 검토해 보자.

회식 등 모임이 있을 때 항상 끝날 즈음, 누군가 2차를 가자고 한다. 이때, 여러분은 2차의 참석 여부를 어떻게 결정하는가? 1차보다 2차가 더 재미있을 것 같으면, 참석하고 반대이면 참석하지 않는가? 2차가 1차보다 더 재미있을 것 같아서 참석하려고 하는데, 여러분의 배우자(미혼인 경우, 남친 혹은 여친)가 지금 만나자고 하면 어떻게 합니까? 2차에 가지 않고 배우자 혹은 남친. 여친을 만나러 갈 것입니다. 이때, 여러분은 어떻게 결정했습니까? 2차의 편익과 2차의 기회비용을 비교하여 결정했습니다. 2차의 편익보다 2차의 기회비용(배우자 혹은 남친. 여친을 만나는 가치)이 크므로 그런 결정을 했습니다. 이처럼 항상 과거(여기서는 1차의 편익)를 생각하지 말고 현재부터 발생하는 비용과 편익, 즉 한계비용과 한계편익을 고려해야 합리적인 선택이 된다.

또 다른 경우를 검토해 보자. 여러분들이 여행할 때, 제일 먼저 가장 멋진 장소에 가면 그보다 멋지지 않은 다른 장소는 구경하지 않는가? 다른 장소에 여행할지 그 여부는 이전의 멋진 장소는 고려되지 않고 단지 다른 장소의 편익과 비용을 고려할 뿐이다. 여러분은 한계편익과 한계비용을 고려한다.

좀 더 잘 이해하기 위해 수치를 사용하여 살펴보자. 4년의 생산기간이 소요되는 어떤 사업의 수익성을 검토해 본 결과, 예상 수입이 6억 원이고 예상 비용이 4억 원으로 추정되었다면, 여러분은 이 사업을 시작할 것인가? 예상 이익이 2억 원이다. 물론 4억 원으로 할 수 있는 다른 사업의 수익과 먼저 비교해야 할 것이다. 단순화를 위해 이 사업의 수익이 가장 크다고 하자. 그러면 이 사업을 시행할 것이다.

개시 후 2년이 지난 시점에 다시 평가해보니 그동안 소요된 비용은 2억 원이고 공정은 50%로서 예상대로 진척이 되고 있었다. 하지만 그때 인건비, 자재비 등의 상승으로 남은 공정을 완성하기 위해서는 예상과 달리 추가 비용이 2억 원이 아니라 5억이 소요될 것으로 추정되었다. 즉 총공사비가 4억 원이 아니라 7억 원으로 추정되었다. 반면 예상 수입은 변동 없이 6억 원으로 추정되었다. 또한 현재 50% 진척된 결과물은 미완성품으로 가치가 없다고 하자. 이런 경우 여러분은 그 사업을 계속할 것인가? 중단할 것인가? 어떤 독자는 수입이 6억 원이고 비용이 7억 원이므로 1억 원의 손실이라는 결과를 초래하므로 투자를 중단해야 한다고 주장할 수 있다. 이 독자의 결정은 과연 합리적인가?

그렇지 않다. 중단하면 손실이 더 커진다. 현재 중단하면 손실은 2억 원이고 계속하면 1억 원으로 감소한다. 그렇다면 여러분들은 어떻게 할 것인가? 분명히 손실이 감소하는 결정을 할 것이다. 즉, 계속 투자할 것이다. 따라서 총비용과 총수입에 이용하여 결정할 경우, 비합리적 결정을 하게 된다.

그렇다면 합리적인 결정은 어떻게 할 수 있는가? 위처럼 중단할 때의 손실과 계속 투자할 때의 손실을 비교하여 결정을 할 수도 있지만, 더 간단하게 결정할 수 있다. 앞부분을 이해한 독자는 한계수입과 한계비용을 고려한 한계원리를 이용하여 결정하면, 더 간단한 결정이라고 답할 것이다.

현재 시점으로부터 추가되는 수입, 즉 한계수입은 6억 원이고 추가되는 비용, 즉 한계비용은 5억 원이다. 과거의 투자인 2억 원은 생각하지 않고 현재부터 투자에 따른 결과를 보면 1억 원의 이익이 발생시킨다. 따라서 계속 투자하는 것이다.

이처럼 새로운 선택시점 이전은 고려하지 않고 선택시점 이후의 한계만 고려하는 간단한 방법이 합리적인 구체적인 이유는 다음과 같다.

현재 시점으로부터 이익이 발생하면 과거에 손실이 그만큼 상쇄되어 상대적으로 이득을 보게 되기 때문이다. 과거 2억 원의 손실이 현재부터 발생한 1억 원의 이익으로 상쇄되어 손실은 1억 원(=2억 원-1억 원)으로 감소한다. 과거의 손실, 즉 본전에 집착하면 손실을 감소시킬 기회를 잃게 된다.

현재까지 이익이 있더라도 그것은 고려하지 않고 한계수입과 한계비용만 고려하면 된다. 왜냐하면, 한계이익(=한계수입−한계비용)이 양이면 이익을 추가 발생시키고, 음이면 이익을 감소시키기 때문이다.

만약 위의 예에서 추가 비용이 5억 원이 아니라 7억 원이라면, 즉 총공사비가 9억 원이라면, 여러분들은 그 사업을 계속할 것인가 중단할 것인가? 총비용은 9억 원이고 총수입이 6억 원이므로 당연히 중단하고자 할 것이다. 그러나 총수입과 총비용에 의한 결정은 다음과 같은 그릇된 결정에 도달할 수 있다. 투자한 2억 원, 즉 본전이 아까워서 계속 투자해야 한다는 결정을 내릴 수 있다. 그 결과 손실은 2억 원에서 3억 원으로 늘어난다. 이런 그릇된 결정이 특히 주식시장의 일반투자자들(속칭 개미)이 하는 행위이다. 그들은 본전에 집착하여 손절매하지 못하는 비합리적인 행동을 한다(보다 상세한 것은 다음 강에서 다룬다). 이런 그릇된 결정을 하지 않기 위해 여기서도 마찬가지로 한계수입 6억 원과 한계비용 7억 원만 고려해야 한다. 그것만 고려하면 계속 투자하지 않는다는 올바른 결정을 할 수 있다.

이처럼 합리적인 결정(즉, 선택)은 과거는 잊고 앞으로 추가되는 비용, 즉 한계비용과 추가되는 수입, 즉 한계편익만 고려해야 한다. 현재 이전 과거에 사용된 비용을 '매몰 비용(sunk cost)'이라고 한다. 현재에 복구할 수 없어서 매몰된 것이기 때문이다. 매몰 비용은 합리적인 선택에서 고려되는 기회비용이 아니다. 그것은 현재의 선택으로 포기된 것이 아니라 과거의 선택으로 포기된 것이기 때문이다. 합리적인 선택을 위해서는 항상 과거를 생각하지 말고 현재부터 발생하는 비용과 편익, 즉 한계비용과 한계편익을 고려해야 한다. 한계비용보다 한계편익이 크면 그것을 수행하고, 반대이면 수행하지 않는 것이 바로 합리적인 선택이고 행동이다. 이처럼 한계비용과 한계편익을 비교하는 한계원리에 따라 선택과 행동을 하면 합리적이다. 경제학에서 비용과 편익은 바로 한계비용과 한계편익을 의미한다. 한계수입은 한계편익의 한 형태이다. 사업가로서 얻는 편익은 수입이기 때문이다. 소비자로서 편익은 소비에서 얻는 만족감, 즉 효용이므로 한계효용도 한계편익의 한 형태이다.

앞의 예에서 처음에 사업 시행 여부를 고려할 때 예상 수입 6억 원과 예상 비용 4억 원을 비교하여 투자를 결정하였다. 이때 수입과 비용은 총수입과 총비용으로 생각할 수 있다. 따라서 비용-편익 분석은 총비용과 총편익을 비교하는 것이 아닌가? 라는 반문이 있을 수 있다. 그러나 자세히 살펴보면 그것은 한계비용과 한계수입을 의미한다. 초기에 사업 시행 여부를 결정할 때, 그 시점부터 발생하는 수입과 비용이 각각 6억 원, 4억 원이다. 그 시점의 한계수입과 한계비용이 각각 6억 원과 4억 원인 것이다. 초기시점에서는 과거의 비용과 과거의 편익이 없으므로 총비용과 총수입이 한계비용과 한계수입과 일치하는 것이다. 결정요인은 총비용과 총수입이 아니라 한계비용과 한계수입이다. 따라서 비용-편익 분석은 실제로는 한계비용-한계편익 분석이다.

이상에서 본 바와 같이, 희소한 자원을 잘 이용하기 위해서 우리는 경제적 사고, 즉 '기회비용적 사고'와 '한계원리적 사고'에 입각하여 행동해야 한다. "세상에 공짜는 없다!", "과거를 묻지 마라!"

다음 강부터 기회비용과 한계원리를 이용하여 현실의 다양한 사례를 분석하고자 한다.

CHAPTER 06

다이아몬드는 물보다 왜 비싼가?

어떤 재화를 사용함으로써 얻는 만족감 또는 그것의 가치를 사용 가치라 하고, 현대적 용어로 표현하면 효용이다. 어떤 재화를 다른 재화와 바꾸는 가치를 교환 가치라 하고, 현대적 용어로 표현하면 가격이다. 현재는 물물교환이 아니라 재화와 화폐와 교환한다. 따라서 교환 가치가 가격이라는 점을 쉽게 이해할 수 있다.

상식적으로 생각하면, 사용 가치(효용)가 높은 것이 교환 가치(가격)도 높다. 그런데 다이아몬드와 물의 가격은 통상 그렇지 않다. 이 경우 가치의 모순이 발생한다. 애덤 스미스를 비롯한 고전학파들은 이 문제를 해결하기 위해 상당히 노력했지만, 결국 해결하지 못했다. 이 문제는 한계원리를 처음 제시한 한계학파에 의해 해결되었다.

한계원리를 이용하면, 인간에게 더 큰 만족을 주는 물값이 다이아몬드 가격보다 싼 이유를 이해할 수 있다. 우리는 물의 최초 한 단위가 주는 만족감보다 추가되는 한 단위 만족감을 작게 느낀다. 이처럼 재화를 추가로 소비함에 따라 추가적인 가치, 즉 한계효용(한계편익 또는 한계가치)은 계속 감소한다. 이것을 한계효용체감의 법칙이라 한다. 따라서 존재량이 많아짐에 따라 한계효용은 낮아진다. 물과 다이아몬드의 한계효용을 다음과 같이 표시할 수 있다.

	1	2	3	4	5	6	7	8	9	10
물	100	90	80	70	60	50	40	30	20	10
다이아몬드	50	45	40	35	30	25	20	15	10	5

각 단위에서 다이아몬드의 한계효용이 물보다 낮은 것은 다이아몬드를 직접 사용함으로써 얻는 만족감(사용 가치)이 물보다 낮기 때문이다. 만약 물이 한 단위만 있다면 그 단위에 대한 효용이 100이므로 그 단위를 획득하기 위해 100을 지불하려 한다. 하지만 물이 9 단위 존재한다면 9번째 단위에 대해 20보다 더 많이 지불하려 하지 않는다. 따라서 9단위를 모두 팔기 위해서는 물 가격을 20보다 높게 부를 수 없다. 그 결과, 물 가격은 20이 된다. 이처럼 가격은 한계효용에 의해 결정되고 한계효용은 존재량에 의해 결정된다. 현실에는 다이아몬드가 물보다 훨씬 적게 존재한다. 예를 들면 물은 9단위이고 다이아몬드는 1단위이다. 물의 한계효용은 20이고 다이아몬드의 한계효용은 50이다. 따라서 다이아몬드 가격이 물보다 높다.

그러나 사막에서는 물과 다이아몬드의 양이 비슷하거나 오히려 물의 양이 적다. 이런 경우 물의 한계효용이 훨씬 높으므로 물값이 비싸다. 예를 들어, 물과 다이아몬드가 모두 1단위라면 물 가격은 100이고 다이아몬드 가격은 50이다.

이처럼 가격은 총효용에 의해 결정되는 것이 아니라, 한계효용에 의해 결정되는 것이다. 한계효용에 따른 가격 결정 원리는 다이아몬드 가격이 물 가격보다 높은 것이 가치의 모순이 아니라는 점을 설명한다. 비로소 가치의 모순에서 가치의 역설로 되었다. 모순은 상식적으로나 논리적으로나 모두 잘못된 것임을 의미하나, 역설이라는 것은 상식적으로 잘못된 것처럼 보이지만, 논리적으로 올바른 것이다.

CHAPTER 07

대절 나간 택시 다시 돌아올 때의 요금은?

독자가 택시 기사인데, 대구에서 역외인 경주로 대절 갔다고 돌아오려고 한다. 그때, 경주에서 대구에 가려는 한 손님이 대구 택시인 것을 보고 독자에게 대구까지 5,000원에 태워달라고 한다. 경주에서 대구까지 연료비는 10,000원이 소요된다. 독자는 어떻게 할 것인가? 태워줄까 아니면 그냥 빈 택시로 올까?

수입이 비용보다 낮다. 따라서 통상적으로 여러분은 손님의 요구를 거절할 것이다. 그러나 이것은 잘못된 결정이다. 결정은 한계적으로 해야 한다. 손님을 태움으로써 추가되는 수입은 5,000원이지만 추가되는 비용은 10,000원이 아니라 거의 0이다. 연료비 10,000원은 손님의 승차 여부에 상관없는 것이다. 손님을 태우지 않고 오더라도 10,000원이라는 비용이 발생하기 때문이다. 이 비용은 손님 승차 여부에 상관없이 과거에 결정된 비용으로서 매몰 비용이다. 손님을 태움으로써 추가되는 비용은 거의 없거나 있더라도 몇 백 원에 지나지 않는다. 따라서 한계수입이 한계비용을 초과하므로 손님을 태우는 것이 이득이 된다. 즉, 손님을 태우는 것이 현명한 결정이다.

이와 같은 논리로 역외로 대절 나간 택시가 돌아올 때, 아주 낮은 요금에도 승객을 탑승시키는 것이다. 택시 기사들은 '한계원리'라는 용어는 모르지만, 그 원리를 실제에 적용하고 있다.

이와 같은 한계원리의 적용사례는 천지에 널려 있다. 그런데도, 이 원리를 실행하지 못하는 사람들도 많이 있다는 것 또한 사실이다. 한계원리를 실천하지 못하면 이득을 볼 기회를 놓친다는 점을 명심하자.

CHAPTER 08

주식시장에서 개미들은 왜 통상적으로 손해를 보는가?

주식시장에서 개미들이 실패하는 이유 중 하나로 흔히 "본전 생각에 집착하여 손절매하지 못하기 때문이다"라는 주장이 제기된다. 실제 그 주장이 맞는다는 것을 한계원리에 근거해서 살펴보자.

여러분이 주식 구입을 위해 분석한 결과 A라는 주식이 상승할 것으로 예상되어, 주당 1,000원에 구입했다. 그날 종가가 예상과 달리 100원이 하락한 900원이 되었다. 이제 여러분은 이 주식을 계속 보유할 것인가? 아니면 손절매할 것인가?

대부분은 본전 생각에 집착하여 손절매하지 않을 것이다. 현명한 결정은 다음과 같다. 우선 종가 이후 다시 분석해야 한다. 종가보다 더 오를 것인지 더 하락할 것인지를 파악해야 한다. 종가보다 더 하락할 것으로 예상되면, 손절매해야 한다. 본전 생각에 집착하면 더 큰 손실을 볼 수 있기 때문이다. 손절매하지 못해 엄청난 손실 혹은 깡통을 경험하게 된다. 손절매해서 그 돈을 오를 것으로 예상하는 주식으로 교체하여 손실 회복 및 이익을 실현해야 한다. 간혹 본전에 집착하여 손해 보고 죽어도 못 판다는 투자가들이 있는데, 그런 경우 대부분 위의 언급처럼 엄청난 손실 혹은 깡통을 경험하게 되거나, 본전 회복에 수년이 걸린다. 손절매를 통한 교체매매가 본전 회복 기간을 줄여준다.

종가보다 상승할 것으로 예상하면, 보유해야 한다. 주의해야 할 것은 구매가인 본전보다 상승할 것으로 예상하면 보유해야 하는 것이 아니라 기준은 선택시점인 종가이다. 예를 들어, 950원으로 상승할 것으로 예상하면, 보유해야 하는 것이다. 보유하게 되면, 현재보다 50원의 이익을 획득하기 때문이다. 구매가 1,000원은 선택시점에서 발생하는 보유의 기회비용이 아니다. 현재 그 주식을 보유함으로써 포기하는 것은 1,000원이 아니라 900원이다. 왜냐하면, 현재 그 주식을 매도함으로써 획득할 수 있는 금액은 900원이기 때문이다. 즉, 한계비용이 1,000원이 아니라 900원이다. 100원은 매몰 비용이다. 앞서 본 바와 같이, 현명한 선택을 위해 매몰 비용을 고려해서는 안 된다. 다시 말해, 매몰 비용까지 고려한 본전에 집착하면 안 된다.

그런데 위의 예처럼, 1,000원에서 900원으로 하락하면 10%의 손실을 본다. 만약 투자 금액이 천만 원이면 하루에 백만 원의 손실, 투자 금액이 억 원이면 하루에 천만 원의 손실을 본다. 이런 경우, 현실적으로 손절매하기 쉽지 않다. 더구나 하루에 30% 하한가를 맞게 된다면 손절매하기 더 어렵다. 그러나 주식투자에 성공하기 위해서는 무조건 손절매해야 한다.

손절매를 무조건 할 수 있는 방법이 있다. 그것은 자신의 투자 그릇만큼 투자하는 것이다. 각자 투자 그릇은 하한가 30%를 맞더라도 손절매할 수 있는 금액을 투자하는 것이다. 예를 들어, 하루에 30만 원 손절매할 수 있는 투자가의 그릇은 100만 원이고, 하루에 300만 원 손절매할 수 있는 투자가의 그릇은 1,000만 원이고, 하루에 3,000만 원 손절매할 수 있는 투자가의 그릇은 1억 원이다. 자신의 투자 그릇만큼 투자하면 손절매를 할 수 있고, 주식에 성공한다. 그러나 자신의 투자 그릇보다 많은 금액을 투자하면 손절매를 할 수 없어 결국 망한다.

또 한 가지 중요한 점은 상승 시에도 한계원리를 따르지 않으면 결국 손실을 본다는 것이다. 예를 통해 살펴보자.

1,000원에 구입한 주식이 며칠 동안 상승하여 2,000원 되었다가 다음 날 1,500원이 되었다. 보유해야 하는가? 매도해야 하는가? 본전에 집착하는 사람은 무조건 매도하지 못한다. 그들은 본전을 구매가인 1,000원이 아니라 2,000원으로 간주하기 때문이다. 즉, 2,000원에도 매도하지 않았는데 1,500원에 매도할 수 있겠는가!

이런 식으로 과거에 집착하면 주가가 계속 하락하더라도 매도할 수 없고, 주가가 1,000원보다 낮은 가격이 되어 결국 손해를 보게 된다. 어떻게 하면 이익을 볼 수 있을까?

1,500원일 때 이전처럼 앞으로 더 상승할 것인지 혹은 하락할 것인지 판단해야 한다. 만약 1,500원보다 상승할 것으로 예상하면 보유하고, 1,500원보다 하락할 것으로 예상하면 매도해야 한다. 왜

냐하면, 이 경우 보유의 기회비용은 1,500이기 때문이다. 항상 선택시점의 기회비용을 고려해야 한다. 하락할 것으로 예상하여 매도하면 주당 500원의 수익이 발생하고, 상승할 것으로 예상하여 보유한 결과 가격이 상승한 만큼 수익이 증가한다.

물론 항상 예상처럼 상승 및 하락이 이루어지지 않지만, 그 결과에 따라 한계원리에 의존하여 매매하면 전반적으로 수익이 발생한다. 주가가 하락할 것으로 예상하여 매도하였는데 실제 상승하면 큰 실망감을 느낄 수 있지만, 그러나 이 원칙을 고수하지 않으면 더 큰 손실을 본다. 만약 예상대로 하락할 경우, 원칙을 고수하지 않고 보유하면 큰 손실을 보게 된다.

자신의 예상이 틀리는 빈도수가 증가한다면 매수 및 매도할 주식의 선정에 문제가 있다. 이런 경우 매수 및 매도할 주식의 선정에 관해 공부를 다시 해야 한다. 그렇다고 무조건 전문가에 의존하는 방식은 매우 위험하다. 손실 볼 때, 전문가가 책임지지 않고, 무엇보다도 자신의 투자 판단 능력이 향상되지 않고 오히려 떨어지게 된다. 오로지 자신의 판단하에 한계원리에 따라 주식투자를 하면 종목에 따라 수익과 손실이 발생하지만, 전체적으로 항상 수익이 발생한다.

CHAPTER 09

상인들은 손해를 보는데도 왜 장사를 하는가?

상인들에게 가게 사정이 어떠냐고 질문하면, 적자를 보면서도 운영하고 있다고 답하는 경우가 있다. 그런데 왜 영업하시는지 질문하면. 상황이 호전될 것을 기대하고 있다고 답한다.

많은 사람은 밑지면서 장사한다는 상인의 말은 허풍이라고 속으로 생각한다. 그러나 실제로 손해를 보는 데도 영업하는 이유가 있다. 상인의 대답처럼 상황이 호전될 것을 기대하면서 영업하는 사례도 있고, 더 중요한 다른 이유가 있다. 이것을 가상 사례를 통해 살펴보자.

철수는 점포를 얻어 가게를 운영하고 있다. 임대료 월 100만 원을 지급하기로 1년간 점포 주인과 계약했다. 그는 다른 일을 하고 있으므로 가게 운영을 위해 아르바이트직원을 1명을 고용하였는데, 월 200만 원을 지급하되 상황이 좋지 않으면 언제든지 해고할 수 있는 조건으로 계약하였다. 첫 번째 달 정산을 해보니 수입이 300만 원이고, 재료비 등 기타 비용이 50만 원, 인건비 200만 원,

임대료 100만 원으로 총비용은 350만 원이다. 그 결과 월 50만 원의 손실을 겪고 있다. 앞으로도 이런 수지가 될 것으로 예상되었을 때, 철수는 고용인을 해고하고 영업을 중단해야 하는가?

통상적으로 생각하면 영업을 중단하는 것이 현명한 것처럼 보인다. 과연 이 결정이 현명한 선택일까? 만약 영업을 중단하면 손실은 얼마인가? 손실이 0인가? 아니다. 영업을 중단하더라도 임대료 100만 원을 지출해야 하므로 손실은 100만 원이다. 따라서 영업 중단할 때 손실이 더 크다. 이런 경우 적자를 보더라도, 영업하는 것이 손실을 줄이므로 현명한 선택이 된다.

그렇다면 적자를 보더라도 영업하는 것이 현명한 선택으로 되는 기준은 무엇인가? 비용을 두 부분으로 분리할 수 있다. 고정비용과 가변비용. 영업하든지 안 하든지 무조건 지급해야 하는 비용을 '고정비용(fixed cost : FC)'이라 한다. 영업과 상관없이 고정적으로 지출하는 비용이기 때문이다. 반면 영업을 함으로써만 발생하는 비용을 '가변비용(variable cost : VC)'이라고 한다. 생산량에 따라 변하는 비용이기 때문이다.

영업을 중단하면 손실은 고정비용만큼 발생한다. 따라서 손실이 고정비용보다 적으면 영업하는 것이 타당하다. 만약 수입이 가변비용을 충당하고 남으면, 그것으로 고정비용을 상쇄할 수 있으므로 손실이 고정비용보다 적어진다. 위 예에서 고정비용은 임대료로서 100만 원이다. 가변비용은 인건비와 기타 비용으로서 250만 원이다. 수입 300만 원에서 가변비용 250만 원을 제하면 50만 원이 된다. 그 50만 원으로 고정비용 100만 원을 일부(50만 원) 상쇄

함으로써 손실이 감소한다. 이처럼 수입이 가변비용보다 많으면, 적자를 보더라도 영업하는 것이 현명한 처사이다. 만약 가변비용이 수입보다 많으면 영업을 중단하는 것이 현명한 처사이고, 가변비용이 수입과 같다면 영업하는 것이나 영업 중단하는 것이나 손실이 같다. 특히 수입이 가변비용과 같을 때 경제학에서 '조업중단점(shut-down point)'이라고 한다.

이처럼 적자를 볼 때, 영업 중단 혹은 계속 영업 여부를 결정할 때 고정비용은 고려하지 않고 가변비용만 고려하는 것은 실제 한계원리에 입각한 것이다. 고정비용은 영업 여부에 상관없이 결정된 것으로 매몰 비용이다. 따라서 고정비용은 한계비용이 아니므로 선택할 때 고려하지 않아야 한다.

따라서 적자를 보더라도 수입이 가변비용보다 많으면 영업하는 것이 현명한 처사이므로, 조업 조건(즉, 영업 조건)은 [수입 > 가변비용] 이다. 상인이 손해를 보는 데도 영업하는 이유는 바로 이것이 태반이다.

물론 손실이 지속되는 것은 문제가 된다. 따라서 이런 상황으로부터 회피하는 최선의 방법은 고정비용이 발생하지 않도록 영업을 중단하는 것이다. 위의 예에서 고정비용인 임대료가 발생하지 않도록 하기 위해서는 자신이 중개수수료를 물더라도 하루빨리 그 점포를 타인이 임대하도록 하고 자신이 빠져나오는 것이다.

때로는 상인들이 본전보다 낮은 가격으로 판매하는 경우가 있다. 재래시장이나 대형 마트에서 마감 시간이 가까워질 때 이런 상황이 전개된다. 상인들은 손해를 보면서도 왜 할인해서 판매할까?

여러분이 알다시피 지금 팔지 못하면 그 상품의 가치가 없어지기 때문이다. 해산물, 채소, 초밥 등이 여기에 해당한다. 그런 상품들은 신선하게 유지하기가 매우 힘들거나 유지 비용이 매우 비싸다. 따라서 그날 판매되지 않으면 폐기 처분해야 한다.

이런 상품의 현재 기회비용은 얼마인가? 그것은 상인이 구매한 가격(즉, 본전)이 아니라 현재 팔지 않고 내일 소비자가 구매하려는 가격이다. 어느 소비자도 그 상품을 구매하려고 하지 않을 것이다. 따라서 현재 기회비용은 0이다. 본전은 모두 매몰 비용이다. 본전보다 낮은 가격으로 판매할 수 있다면 그 판매가격은 한계 편익(한계수입)이다. 그러므로 본전보다 낮은 가격으로 판매하는 행위는 한계 편익이 한계비용보다 높아서 합리적인 선택이다. 상인은 한계원리에 따라 손해를 보면서도 판매하는 것이다. 일견 어리석은 행위인 것처럼 보이지만 합리적인 행위이다.

CHAPTER 10

교환은 잉여가 있을 때 발생하는가?

우리는 교환이 발생하는 이유로 어떤 재화를 너무 많이 소유하고 있어, 즉 잉여가 존재하기 때문에 교환이 발생한다고 흔히 생각한다. 과연 교환의 조건이 잉여일까?

그것을 검토하기 위해 우리는 부족할 때 과연 교환이 발생하지 않는지 가상의 예를 통해 파악해 보자. 사과밭 주인인 철수는 자가 소비용으로 10개를 남겨 두고 나머지를 모두 팔았다고 하자. 영희는 현재 사과를 보유하고 있지 않다고 하자. 그리고 사과 1개에 대한 철수의 한계효용과 그로부터 사과를 구입하려는 이웃인 영희의 한계효용이 다음의 표와 같다고 하자. 이 표에서 각자의 한계효용은 보유량(혹은 소비량)이 증가함에 따라 점차 감소(즉, 체감)하고 있다. 앞에서 언급한 것처럼, 한계효용체감의 법칙이 작용하고 있다.

	1	2	3	4	5	6	7	8	9	10
철수	30	29	28	27	26	25	24	23	22	21
영희(A)	25	24	23	22	21	20	19	18	17	16
영희(B)	20	19	18	17	16	15	14	13	12	11

사과밭 주인인 철수는 자가소비를 위해 남겨놓은 10개 중 마지막 한 개에 대해 21원으로 평가하므로, 영희가 최소한 21원 이상을 제시하면 그는 팔려고 할 것이다. 만약 21원보다 낮게 제시하면 팔지 않을 것이다.

만약 영희의 한계효용이 표의 (A)와 같다면, 영희는 첫 번째 사과에 대해 25원으로 평가하므로 최초 1개 구매를 위해 최대 25원까지 제시할 것이다. 따라서 그들 간에는 교환이 발생한다. 가격은 협상을 통해 21~25원 사이에 결정될 것이다.

만약 영희의 한계효용이 표의 (B)와 같다면, 영희는 첫 번째 사과에 대해 20원으로 평가하므로 최초 1개 구입을 위해 20원까지 제시한 것이다. 따라서 그들 간에는 교환이 발생하지 않는다.

이처럼 동일한 재화에 대해 구매자가 판매자보다 높게 평가하면 교환이 발생한다. 재화의 평가는 한계효용에 의해 이루어지므로 구매자의 한계효용이 판매자의 한계효용보다 높을 때 교환이 발생한다. 그러므로 교환의 전제조건은 잉여가 아니라 구매자의 한계효용이 판매자보다 높아야 한다는 것이다.

이것을 다른 측면에서 보면, 즉, 교환도 역시 한계원리에 의해 발생한다. 철수는 마지막 1개의 가치를 21원으로 평가하고 수지는 첫 번째 1개에 대해 21원으로 평가한다. 철수의 마지막 1개의 기회비용은 21원이므로 그것보다 높은 가격으로 판매한다면 한계편익이 한계비용(21원)을 초과하므로 그 교환은 합리적 선택이 된다. 판매자 입장에서는 구매자의 한계효용이 한계편익이고 자신의 한계효용이 한계비용이다. 따라서 교환의 조건, 즉 구매자의 한계효용이 판매자의 한계효용보다 높은 것은 한계원리가 적용된 것이다.

그러면 교환은 어느 정도까지 이루어지는지를 살펴보자.

이를 파악하기 위해, 영희의 한계효용이 표의 (A)일 때 더 많은 교환이 이루어지는 과정을 살펴보자. 사과밭 주인은 이제 9개를 갖고 있는데, 9번째 사과에 대해 22원의 가치가 있다고 생각하고 있으므로 최소한 22원만 받으면 9번째의 사과도 팔려고 할 것이다. 한편 영희는 2번째 사과에 대해 24원의 가치가 있다고 생각하고 있으므로 한 개 더 구입하기 위해 최고한도로 24원을 지불할 용의가 있다. 따라서 교환이 발생하고 가격은 협상에 의해 22원과 24원 사이가 된다. 이제 사과밭 주인에게는 8개가 남아 있는데 8번째 사과에 대해 23원의 가치가 있다고 생각하고 있으므로, 최소한 23원만 받으면 8번째 사과도 팔 것이다. 영희는 3번째 사과에 대해 23원의 가치가 있다고 생각하므로 사과 한 개를 더 구입하기 위해 최고한도로 23원을 지불할 용의가 있다. 따라서 3번째 사과의 교환으로는 당사자 간에 조금도 이득을 얻지 못하므로 교환을 하지 않을 것이다.

따라서 구매자의 한계효용이 판매자보다 큰 경우에는 교환은 계속 발생한다. 다시 말하면 구매자의 한계효용과 판매자의 한계효용이 같아지기 직전까지 교환은 계속 이루어진다.

이상에서 본 바와 같이, 교환의 조건은 잉여가 아니라 구매자의 한계효용이 판매자보다 높은 것이고, 교환은 구매자의 한계효용과 판매자의 한계효용이 같아지기 직전까지 계속 발생한다.

CHAPTER 11

분업은 왜 발생하는가?

우리는 현재 거의 자급자족하지 않고 많은 것을 타인에게 의존하고 있다. 즉, 우리는 가족들이 생산에 참여한 재화를 소비하는 것들은 하나, 둘 혹은 거의 없다. 이처럼 각자는 각 부문에 특화하여 분업에 종사하고 있다. 왜 그렇게 하고 있을까?

사례들을 통해 그 이유를 살펴보자. 일타강사인 철수는 강의해서 시간당 100만 원을 벌 수 있고, 강의를 위한 PPT 작업하면 시간당 20만 원을 벌 수 있다. 반면 PPT 작업 전문가인 영희는 PPT 작업을 함으로써 시간당 30만 원을 벌 수 있고, 강의함으로써 시간당 10만 원을 벌 수 있다고 하자.

이런 경우 가수인 철수는 자신이 노래도 하고 PPT 작업도 직접 하는 것(A)과 노래만 하고 PPT 작업은 영희에게 맡기는 것(B), 어느 것이 이익이 될까? 즉 효율적일까?

직관적으로 보면, B가 효율적이다. 철수는 직접 PPT 작업하는 시간에 강의하면 100만 원 벌 수 있고, PPT 작업을 영희에게 맡기면 70만의 이익이 생기지만, 자신이 PPT 작업을 하면 20만 원밖에 벌 수 없기 때문이다.

이것을 다른 측면에서 보면, 강의에서 생산성, 즉 수익성이 높은 사람은 철수이고, PPT 작업에서 생산성, 즉 수익성이 높은 사람은 영희이다. 따라서 생산성이 높은 부문에 각자 생산하여 교환하는 것이 모두 이익이 된다.

생산성이 높은 것은 평균 비용이 낮은 것을 의미한다. 강의에서 시간당 생산성은 철수가 영희에 비해 10배 높다. 강의를 통해 100만 원을 벌기 위해 철수는 1시간 영희는 10시간이 소요되므로 철수의 평균 비용이 영희에 비해서 1/10이다. 생산성이 높은 것은 같은 요소 투입(여기서는 시간)으로 더 많은 것을 생산하는 것이고, 다른 식으로 표현하면 같은 양을 생산하는 데 요소 투입이 적으므로 평균 비용이 낮은 것이다. 이처럼 생산성이 높은 사람이 생산하면 평균 비용이 하락하여 가격이 싸진다.

이처럼 자급자족하지 않고 타인, 즉 분업에 의존하는 이유는 자신이 생산하여 소비하는 것에 비해서 타인이 생산한 것을 구매하는 것이 싸기 때문이다. 왜냐하면 사람마다 각 재화에 대한 생산성에 차이가 있기 때문이다. 생산성의 차이가 나는 이유는 각자의 인적 능력과 부존자원의 분포가 다르기 때문이다. 따라서 사람마다 각기 잘하고 값싸게 생산하는 분야가 있다.

애덤 스미스는 생산성이 높은 부문을 절대우위에 있고, 생산성이 낮은 부문을 절대열위에 있다고 했다. 그에 따르면, 분업은 각자가 절대우위에 있는 부문에 종사하는 식으로 이루어진다. 이것을 절대우위론이라 한다.

위의 예에서 강의에서는 철수는 절대우위 영희는 절대열위, PPT 작업에서는 영희는 절대우위 철수는 절대열위이다. 따라서 철수는 강의, 영희는 PPT 작업에 종사하여 서로 교환하는 것이 모두 이익이다.

그런데 만약 철수가 강의뿐만 아니라 PPT 작업에서도 모두 절대우위에 있으면, 철수는 두 부문 모두 직접 하는 것이 자신에게 이득이 되는가?

예를 들어, 철수가 PPT 작업에서도 시간당 영희보다 더 많이 버는 경우, 즉 60만 원 획득할 때이다. 절대우위론에 따르면, 분명히 철수가 자급자족하는 것이 이득이다.

그런데 리카도는 이런 경우조차도 철수가 분업에 참여하는 것이 이득이 된다고 주장한다. 그는 분업은 생산성에 의존하는 절대우위이 아니라 기회비용에 의존하는 비교우위에 입각해야 한다고 주장한다. 기회비용이 낮은 것이 비교우위 높은 것이 비교열위이다. 물론 리카도는 비교우위, 비교열위를 기회비용으로 설명하지 않고 상대적 생산성으로 설명했다. 상대적 생산성이 높으면 비교우위 낮으면 비교열위라 했다. 이후 후학들이 상대적 생산성을 기회비용으로 치환했다. 리카도에 따르면 분업은 각자가 비교우위에 있는 부문에 종사하는 식으로 이루어진다. 이것이 비교우위론이다.

우선 직관적으로 판단해보자. 철수가 PPT 작업하는 시간에 강의하면 100만 원을 벌 수 있고, PPT 작업을 영희에게 의뢰하면 60만 원을 지급해야 한다. PPT 작업을 하면 시간당 철수는 60만 원, 영희는 30만 원을 획득한다는 점은 철수의 생산성이 영희에 비해 2배 높다는 것을 의미하며, 이것은 철수의 PPT 작업 완성도가 되려면 영희는 펄수에 비해 2배의 시간이 소요된다는 점을 의미한다. 따라서 철수가 똑같은 완성도의 PPT 작업을 영희에게 의뢰하면 영희의 시간당 30만 원의 2배 60만 원을 지급해야 한다. 그러므로 철수가 PPT 작업을 영희에게 의뢰하고 자신이 그 시간에 강의하면 40만 원의 이득을 본다. 만약 철수 자신이 PPT 작업하면 오히려 60만 원을 절약하는 것처럼 보이지만, 실제로는 40만 원 손해를 본다. 그 시간에 강의함으로써 벌 수 있는 100만 원을 포기하기 때문이다.

이것을 비교우위론에 의존해서 살펴보자. 철수의 경우 강의의 기회비용은 강의함으로써 포기되는 가치, 즉 PPT 작업에서 획득할 수 있는 가치 60만 원이라고 생각할 수 있다. 그러나 영희와 비교하기 위해서는 강의를 통해 1원 획득을 위해 포기하는 것으로 해야 한다. 따라서 철수의 기회비용은 0.6(=60/100)만 원이다. 영희의 기회비용은 3(=30/10)만 원이다. PPT 작업의 기회비용은 철수는 1.67(=100/60)만 원이고 영희는 0.33(=10/30)만 원이다.

따라서 강의의 기회비용은 철수가 낮고 PPT 작업의 기회비용은 영희가 낮으므로, 철수는 강의에서 비교우위이고 영희는 PPT 작업에서 비교우위이다. 그러므로 비교우위론에 따르면, 철수는 강의,

영희는 PPT 작업에 종사하여 서로 교환하는 것이 모두 이익이다.

이처럼, 어떤 사람이 모든 부문의 절대우위가 있더라도 모든 부문의 절대열위자와 비교우위에 따라 분업하여 교환하는 것이, 그에게 이득이 된다. 물론 절대열위자에게도 이득이 된다. 이것은 팔방미인이라도 혼자서 하는 것은 잘못된 선택이라는 점을 시사한다. 이 비교우위론은 바로 기회비용이 중요하다는 것을 다시 한번 입증하고 있다.

선후진국 간 무역도 비교우위에 의해 설명될 수 있다. 선진국은 모든 부문에서 비교우위를 후진국은 모두 부문에서 비교열위를 갖더라도 선진국이 후진국과 비교우위에 따라 무역하면 이득이다. 물론 후진국도 이득이다. 그래서 현실에서 이런 상황에서도 선후진국 간 무역이 발생한다.

또 다른 사례를 보자. 어떤 친구가 나에게 다음과 같이 자랑했다. "컴퓨터가 고장이 나서 부품을 구입하여 자신이 고쳤는데 서비스센터에 의뢰한 것에 비해 5만 원 절약했다." 이 얘기를 듣고 필자는 그 친구를 칭찬했을까?

나는 그 친구에게 부품 가격과 서비스센터 수리비가 얼마인지 질문했다. 각각 만 원, 5만 원리고 했다. 그래서 5만 원 절약했다고 한다. 이어서 부품 구입과 컴퓨터 수리시간이 얼마나 소요되었는지 질문했다. 8시간이라고 했다. 이어서 그 시간에 아르바이트했으면 얼마를 벌 수 있는지 혹은 사랑하는 사람과 데이트, 운동 등을 했더라면 그 가치가 얼마에 해당하는지를 질문했다. 시간당 만 원이라고 했다. 그 답을 듣고 나는 그 친구에게 "자네는 실제 5만 원을 절약한 것이 아니라, 3만 원 손해를 본 행동했다"라고 했다.

그 친구는 황당해하면서 어째서 그런지 다시 질문했다. "부품 구입과 컴퓨터 수리시간에 다른 것을 했더라면, 얻을 수 있는 8만 원을 포기했다. 따라서 포기한 8만 원이 자네가 생각했던 절약 금액 5만 원보다 크기 때문이다. 즉, 직접 수리의 편익 5만 원보다 기회비용 8만 원이 크기 때문이다." 그 대답을 듣고서 그 친구는 자신 행동이 비합리적인 선택임을 깨달았다. 기회비용을 고려하지 않았기 때문에 그릇된 선택을 한 것이다.

어머니가 김치를 담지 않고 구입해 먹는 이유는 무엇일까? 귀찮아서! 그것도 합리적인 선택일 수 있다. 그것에 대해 아래에서 다시 다룰 것이다.

일반적으로 집에서 소량으로 김장하는 것보다 구입하는 것이 싸기 때문이다. 김치 장사하는 상인들은 대량으로 재료를 구입하므로 싸게 구입할 수 있기 때문이다. 그들이 절대우위가 있기 때문이다.

그런데 집에서 김장하는 것이 쌀 경우에도 구입해서 먹는 것이 효율적일 수 있다. 직접 김장하면 5만 원, 김치 구입하면 10만 원일 때, 어머니가 김장하는 시간에 다른 것을 한다면 20만 원을 벌거나 가치를 얻는다면 그것은 합리적인 선택이다. 김장의 기회비용은 20만 원 편익이 10만 원이므로 직접 김장하는 것이 비합리적이다. 오히려 사는 것이 10만 원의 순 편익(=편익 - 기회비용)을 얻는 것이다.

귀찮은 것도 마찬가지이다. 김장하는 것 그 자체 괴로움의 가치가 구입 가격보다 높다면 구입하는 것이 합리적인 선택이다.

우리는 합리적 선택을 위해 비교우위에 따라 분업하고 교환해야 한다. 이런 이유로 우리는 자급자족하지 않고 많은 재화를 타인들에게 의존한다. 그래서 우리 사회에서는 다양한 직업이 존재한다.

물론 일반적으로 각자의 인적 능력과 부존자원의 분포가 다르므로 사람마다 각 재화에 대한 생산성의 차이가 나서, 모든 부문에서 절대우위가 있는 것이 아니라 특정 부문에 절대우위가 있다. 이런 경우 절대우위가 있는 부문이 바로 비교우위가 있는 것이다. 따라서 각자가 절대우위를 갖는 부문에 특화 및 분업으로 생산하여 서로 교환하는 것이 사회 전체에 이득이 된다. 이런 경우 각 부문에 생산성이 높은 사람이 생산하기 때문에 자급자족할 때보다 재화의 가격이 낮다.

CHAPTER 12

수요의 법칙

가격이 하락하면 우리는 더 많이 구입하려 하고, 가격이 상승하면 덜 구입하려 한다. 이처럼 가격과 수요량 간에 역관계가 있는 현상을 수요의 법칙이라 한다.

우리는 왜 이렇게 행동할까? 독자는 당연한 것을 질문한다고 할 수 있다. 우리가 실제로 그렇게 행동하므로 그 질문은 당연한 것으로 생각할 수 있다. 하지만 그 이유를 살펴볼 필요가 있다. 그런 행동이 합리적인 선택이기 때문이다.

가격이란 소비자에게는 재화를 한 단위 획득하기 위해 포기해야 하는 화폐지출로서 기회비용을 의미한다. 합리적인 선택은 (한계)편익이 (한계)기회비용보다 클 때 이루어진다. 따라서 사람들은 합리적인 선택을 위해, 기회비용이 커지면 그것을 적게 하고자 한다. 마찬가지로 소비자는 가격이 상승하면 기회비용이 높아지므로 수요량을 감소시킨다. 그래서 가격과 수요량 간에는 역관계가 존재하는 것이다.

좀 더 상세히 파악해 보면. 다음과 같다. 앞에서 다이아몬드와 물 가격의 예에서, 소비량이 증가함에 따라 한계효용이 체감한다고 설명했다. 소비자에게는 한계효용이 한계편익이다. 구입량이 증가하면 한계효용이 감소한다. 한계편익인 한계효용이 감소한다면 한계비용도 그보다 감소해야만(최소한 그것과 같이 감소해야만) 그 단위를 구입하는 것이 합리적 선택이다. 한계비용이 감소하려면 가격이 감소해야 한다. 따라서 가격이 하락하여 한계비용이 하락해야만 구입 양이 증가한다.

이처럼 소비자는 합리적 선택을 위해 한계비용이 낮아져야 구입을 증가하게 된다. 따라서 수요의 법칙은 합리적 선택의 결과로 나타난 현상이다.

수요의 법칙은 상품에만 적용되는 것이 아니라 모든 인간 행동에 적용된다. 수요의 법칙을 인간 행동에 적용하면, 기회비용이 낮아지면 어떤 행위를 많이 하고 기회비용이 높아지면 그 행위를 적게 하는 것이다.

어떤 회사에서 8월 8일 정오에 햇빛을 피할 수 없는 어떤 운동장에 오면 선물을 지급하겠다고 공표할 때와 그날 저녁 8시에 그곳으로 오라고 공표할 때, 언제 사람들이 많이 올 것인가? 당연히 저녁 8시에 많이 모일 것이다. 선물을 획득하기 위해 저녁 8시에 대기하는 고통이 정오에 비해 낮기 때문이다. 즉, 저녁 8시 기회비용이 낮기 때문이다.

또 다른 예를 살펴보자. 필자가 운동하고 사우나에 갔을 때, 마침 뉴스에서 흉악범에 대해 징역 20년을 선고했다는 뉴스가 나왔다. 이때, 많은 사람이 저런 흉악범은 사형에 처해야 흉악한 범죄가 일어나지 않거나 줄어든다고 한다. 그들은 형량이 높아지면 범죄가 줄어들 것이라 주장한다. 실제 그들은 수요의 법칙에 따라 그렇게 주장한 것이다. 형량이 높은 것은 범죄의 기회비용이 높은 것을 의미한다. 대가가 바로 기회비용이다.

그러나 한 가지 주의해야 할 점이 있다. 형량을 높인다고 무조건 최선은 아니다. 절도 행위를 줄이기 위해 절도범에게 사형을 선고한다면, 절도범은 절도에 거치지 않고 도둑질하면서 흉악한 범죄 행위도 하게 된다.

우리는 경찰청에서 교통 범칙금을 상향 조정하는 경우를 자주 목격한다. 이것 역시 경찰청이 수요의 법칙에 따라 교통 법규 위반의 회수를 줄이려고 하는 행위이다. 이처럼 수요의 법칙은 상품에만 적용되는 것이 아니라, 모든 인간 행동에 적용된다.

CHAPTER 13

수요의 법칙에는 예외가 없는가?

혹자는 가격이 상승하더라도 수요량이 감소하지 않거나 가격이 하락하더라도 수요량이 증가하지 않는다고 주장하면서 수요의 법칙에 이의를 제기하기도 한다.

수요의 법칙에 대해 한 가지 유의해서 생각할 점이 있다. 단순히 가격이 오르면 수요량이 줄어든다는 것을 의미하는 것이 아니라, 가격이 충분하게 상승하면 반드시 수요량이 줄어든다는 것을 의미한다. 마찬가지로 가격이 충분히 하락한다면 수요량이 반드시 늘어난다는 것을 의미한다.

한편 수요의 법칙에 대해 또 다른 식으로 이의를 제기한다. 밍크코트, 아파트, 주식 등의 가격이 상승할 때 수요량이 증가하는 현상을 볼 수 있다. 따라서 이런 경우에 수요의 법칙이 적용되지 않는 것이 아니냐고 이의를 제기한다.

이런 이의는 '수요량의 변화'와 '수요의 변화'를 혼동함으로써 발생한 것이다. 이런 현상이 수요의 법칙의 예외가 아니다.

예를 들어, 밍크코트 가격이 100만 원에서 1,000만 원으로 상승할 때 수요량이 상승하는 이유를 파악함으로써 이 현상이 수요의 법칙의 예외가 아닌 것을 알 수 있다. 이런 현상이 발생하는 이유를 구체적으로 살펴보자.

첫째, 100만 원 하던 밍크코트가 1,000만 원이 됨으로써 소비자 중 일부는 품질은 그대로이지만 다른 제품으로 인식하는 것이다. 100만 원 할 때는 저가품으로 생각했지만 1,000만 원이 됨으로써 자신의 재력을 과시할 수 있는 '과시재'로 평가하여, 저가품일 때는 거들떠보지 않던 소비자들이 구입함으로써 판매가 증가한다고 볼 수 있다. 이것은 단순히 가격변화가 아니라 그로 인해 소비자의 선호가 변하여 수요량이 변화한 것이다. 과시재가 됨으로써 소비자는 똑같은 밍크코트의 가치를 1,000만 원 이상으로 높게 평가한 것이다. 편익이 비용보다 높게 상승하여 구입이 증가한 것으로 합리적인 선택이다.

그런데 이것이 수요 법칙의 예외가 아닌 이유는 다음과 같다. 수요 법칙이란 다른 것이 일정하고 가격만 변화할 때 가격과 수요량이 역관계를 갖는 것이다. 가격 이외의 다른 것(소비자 선호, 다른 재화 가격, 미래 가격 예상 등)이 변함으로써 일어나는 수요량의 변화는 '수요량의 변화'가 아니라 '수요의 변화'라고 구분한다. 수요 법칙은 가격과 수요량 간 역관계이고 가격과 수요 간 역관계를 의미하지 않는다.

상기 예는 수요 법칙의 예외가 아니라 수요 증가가 발생한 것이다. 수요 법칙의 예외가 아니라는 점은 또 다른 논리에서 강력하게 밝혀진다. 만약 수요 법칙의 예외가 존재한다면 밍크코트의 가격은 끝도 없이 상승할 것이다. 가격을 높일수록 더 잘 팔릴 것이기 때문이다. 가격을 1,000만 원보다 높게 상승하지 않는 것은 그 가격보다 높아지면 수요량이 감소하기 때문이다. 따라서 수요 법칙의 예외가 존재할 수 없고, 단지 수요 변화가 발생한다. 상기 예에서는 수요 증가 현상이 발생한 것이다.

둘째, 대체 관계가 있는 무스탕의 가격이 아주 높게 상승하여 그런 현상이 나타날 수 있는 것이다. 밍크코트 가격이 5배 상승하더라도 무스탕 가격이 7~8배 상승하게 되면 밍크코트가 상대적으로 더 싸게 되어, 무스탕을 구입하려던 사람들이 밍크코트를 구입함으로써 밍크코트의 수요가 증가한다. 밍크코트의 기회비용이 무스탕의 기회비용보다 낮아져서 밍크코트의 구입이 증가한 것이다. 이 경우 역시 대체재 가격이 상대적으로 변화하여 발생한 것으로 '수요의 변화'이며 수요 법칙의 예외가 아니다.

셋째, 밍크코트의 가격이 앞으로 더욱더 상승할 것으로 예상할 때 역시 그런 현상이 나타날 수 있는 것이다. 밍크코트의 가격이 상승함으로써 그 여파로 소비자들이 앞으로 더 상승할 것이라 예상되면 더 오르기 전에 구입하는 것이 득이 된다고 생각하므로 수요가 증가한다. 현재 구입의 기회비용이 미래 구입의 기회비용보다 낮아져서 밍크코트의 구입이 증가한 것이다. 이 역시 단순히 가격변화로 인한 '수요량의 변화'가 아닌 소비자 예상의 변화로 인한

'수요의 변화'로서 수요 법칙의 예외가 아니다.

마찬가지로 아파트나 주식의 가격이 상승할 때 앞으로 값이 더 오르리라 예상하여 투기적 수요가 나타나는 것도 수요 법칙의 예외가 아니라 수요 증가이다.

CHAPTER 14

공급의 법칙

가격이 상승하면 우리는 더 많이 판매하려 하고, 가격이 상승하면 덜 공급하려 한다. 이처럼 가격과 공급량 간에 비례관계가 있는 현상을 공급의 법칙이라 한다.

우리는 왜 이렇게 행동할까? 독자는 당연한 것을 질문한다고 할 수 있다. 우리가 실제로 그렇게 행동하므로 그 질문은 당연한 것으로 생각할 수 있다. 하지만 그 이유를 살펴볼 필요가 있다. 그런 행동이 합리적인 선택이기 때문이다.

가격이란 판매자에게는 재화를 한 단위 판매함으로써 획득하는 편익(즉, 수입)이다. 합리적인 선택은 (한계)편익이 (한계)비용보다 클 때 이루어진다. 따라서 사람들은 합리적인 선택을 위해, 편익이 커지면 그것을 많이 하고자 한다. 마찬가지로 판매자는 가격이 상승하면 편익이 높아지므로 공급량을 증가시킨다. 그래서 가격과 공급량 간에는 비례관계가 존재하는 것이다.

이것을 다른 논리로 설명하면 다음과 같다. 생산을 추가하면 추가 비용, 즉 한계비용이 증가한다. 왜냐하면, 생산할 때 가장 효율적인 요소부터 사용하기 때문이다. 또는 생산 증가를 위해 노동 투입을 증가시키면 1인당 기계 사용량이 감소하기 때문이다. 기계는 생산성을 높여 주는 도구이다. 맨손으로 작업할 때보다 도구를 이용하여 작업할 때 생산성이 높다.

이처럼, 생산이 증가할 때. 추가적인 기회비용이 증가한다. 즉, 첫 단위의 기회비용은 10, 두 번째 단위의 기회비용은 12, 세 번째 단위의 기회비용은 15처럼 연속적으로 상승한다. 판매자는 최소한 포기한 만큼(즉, 기회비용) 받으려고 한다. 따라서 1개가 공급되려면 편익인 가격이 최소한 10이어야 하고, 2개가 공급되려면 가격이 최소한 12가 되어야 하고, 3개가 공급되려면 가격이 최소한 15가 되어야 한다. 따라서 가격이 상승해야 공급량이 증가한다. 그러므로 가격과 공급량 간에 비례관계가 성립한다.

이처럼 판매자는 합리적 선택을 위해 기회비용의 체증을 고려하여 (한계)편익인 가격이 상승해야 공급량을 증가하게 된다. 따라서 공급의 법칙은 합리적 선택의 결과로 나타난 현상이다.

CHAPTER 15

공급의 법칙에는 예외가 없는가?

우리는 가격은 오르더라도 공급이 늘어나지 않는 현상을 종종 볼 수가 있다. 특히 아파트나 주식시장 같은 경우인데, 이때 앞에서 언급한 공급의 법칙에 예외가 아닌가 하는 생각을 하게 된다.

앞에서 살펴본 수요의 법칙에서와 같이 공급의 법칙에 대해서도 우선 유의할 점이 있다. 단순히 가격이 오르면 공급량이 늘어난다는 것을 의미하는 것이 아니라, 가격이 충분하게 상승하면 반드시 공급량이 늘어난다는 것을 의미한다. 마찬가지로 가격이 충분히 하락한다면 공급량이 반드시 줄어든다는 것을 의미한다.

한편 공급의 법칙에 대해 또 다른 식으로 이의를 제기한다. 아파트, 주식 등의 가격이 상승할 때 공급량이 오히려 감소하는 현상을 볼 수 있다. 따라서 이런 경우에 공급의 법칙이 적용되지 않는 것이 아니냐고 이의를 제기한다. 이런 이의는 공급량의 변화와 공급의 변화를 혼동하여 발생한 것이지 공급의 법칙의 예외가 아니다.

그 이유를 아파트나 주식 등의 가격이 상승할 때 공급량이 감소하는 현상이 공급의 법칙이 적용되지 않고 있는지를 분석해 보면 알 수가 있을 것이다. 예를 들어, 어떤 투자가가 S회사 주식을 20,000원에 1,000주를 구입하였다. 그는 10%의 수익률을 목표로 하고 있다고 하자.

얼마 후 그 주가가 22,000원으로, 목표로 한 주가에 도달하였다. 이 경우 그는 그 주식을 매도할 것인가? 통상적으로 목표가 달성되었으므로 매도를 해야 할 것이다. 그런데 주가가 오르면서 동시에 앞으로도 그 주가가 더 오를 것이라는 시장정보가 수집되었다고 하자. 이 경우 이 투자가는 주식을 매도하지 않을 수도 있다. 미래 매도의 편익이 현재 매도의 편익보다 클 것으로 예상하기 때문이다. 그 결과 S회사의 주식 매도물량이 감소하여 공급은 줄어든다. 이것은 단순히 가격변화가 아니라 주식소유자의 예상이 변하여 공급량이 변화된 것이다.

따라서, 위에서 언급한 바와 같이, 단순히 가격변화로 인한 '공급량의 변화'가 아닌 소유자나 판매자의 예상 변화로 인한 '공급의 변화'인 것이다. 공급의 법칙은 '공급량의 변화'를 의미하므로 이 현상은 공급 법칙의 예외가 아니다. 부동산도 같은 논리로 설명할 수 있다. 특히 주가나 부동산 가격이 상승함으로써 그 여파로 그 사회 전반에 '투기 붐'이 일어나는 경우 이런 현상은 더욱 두드러지게 나타난다.

CHAPTER 16

임대료규제가 세입자를 위한 제도인가?

정부는 세입자의 주거비용이 높아지지 않도록 임대료를 올리지 못하도록 규제하거나 상승 폭을 제한한다. 이런 정책이 발표될 때 대체로 세입자들도 환영한다. 그런데 임대료규제가 과연 세입자들을 위한 정책인지 검토해 보자.

이를 파악하기 위해 임대료규제로 어떤 상황이 전개되는지를 살펴보자. 우선 임대료가 상승하는 이유부터 살펴보면, 일반적으로 집주인이 임대료를 올리기 때문이라 주장한다. 그러나 궁극적인 원인은 일자리, 교육, 결혼 등으로 그 지역에 대한 임대주택의 수요가 증가하였기 때문이다. 그 결과 임대주택의 부족, 즉 초과수요가 발생하여 임대료가 상승한 것이다. 만약 그 반대 현상이 발생하면 임대주택의 수요가 감소하여 초과공급으로 임대료는 하락한다. 만약 이런 상황에 집주인이 임대료를 동결하거나 상승하면 공실이 된다. 그러므로 임대료 상승의 원인은 집주인이 올리기 때문이 아니다. 그것은 수요 증가의 결과일 뿐이다.

수요 증가로 인한 임대료의 상승은 높은 가격으로 입주할 사람, 즉 임대공간에 대해 높은 가치를 부여하는 사람들은 입주하고, 그렇지 못한 사람들은 더 작은 임대주택으로 이주하거나 보다 싼 다른 지역으로 이주하여 부족 사태는 일시적으로 해결될 것이다. 아울러 임대주택의 수익성이 높아짐에 따라 임대주택의 건립과 타 용도로 사용되던 것을 임대주택으로 개조함으로써 임대주택의 공급이 증가하게 된다. 그 결과 임대료가 하락하면서 어쩔 수 없이 타지역에 이주했던 사람들은 다시 입주할 수 있고, 어쩔 수 없이 작은 임대주택으로 이주했던 사람들도 더 넓은 임대주택으로 입주할 수 있다. 그 결과 임대주택의 수요 증가로 인한 공간의 부족이 사실상 해결된다.

이처럼 가격이 규제받지 않으면 임대료는 임대주택 수요 증가에 따른 부족분을 시장에서 효율적으로 해결한다. 즉, 현재 부족분을 높은 가치를 부여하는 사람들이 입주하도록 하고, 아울러 중장기적으로 공급 증가를 통해 부족분이 해결된다.

그런데 정부가 임대료를 규제하면 먼저 현재 부족한 임대주택에 어떤 사람들이 입주하게 되는지부터 살펴보자. 집주인은 임대료를 규제된 것보다 높게 받을 수 없으므로 가격 이외의 다른 기준, 즉 비가격 배분 방식에 의존하여 세입자를 선정하게 될 것이다. 그 기준에는 선착순 등 여러 가지가 있다.

첫째, 선착순에 의한 방법이다. 먼저 집을 구하려고 오는 사람에게 세를 놓는 것이다. 이런 경우 집주인은 기존 세입자가 이사하지 않는다면 그들에게 계속 세를 줄 것이다. 만약 그들이 이사한다면 먼저 집을 구하려고 오는 사람에게 세를 놓을 것이다. 이 방식에 따를 경우, 집을 구하지 못하는 사람들은 기존 입주자나 먼저 계약한 사람에게 웃돈을 주고 자기가 입주할 수도 있고, 주인에게 계약해지에 따른 위약금을 충당하고 남을 정도로 웃돈을 주면서 기존 계약자와 계약을 해지하도록 할 수 있다. 즉 암시장(black market)이 발생할 가능성이 있다.

둘째, 주인의 취향에 맞는 사람에게 세를 놓는 것이다. 주인은 임대료를 더 높게 받을 수 없으므로 자신의 취향에 맞는 사람을 입주시키려고 한다. 이런 방식에 의해 세를 놓을 경우 주인의 취향에 맞지 않는 사람들은 집을 구하기가 힘들어진다. 예를 들면, 자녀가 많은 사람, 학연이나 지연이 다른 사람, 피부색이 다른 사람, 외국인 등은 집을 구하기가 힘들어진다.

이처럼 비가격 배분 방식에 의해 세를 놓을 경우, 그 주거 공간에 대해 높은 가치를 부여하는 사람들이 입주하지 못하게 되어 임대주택은 비효율적으로 이용된다.

또한 질의 저하도 발생한다. 집주인은 세입자에게 질이 나쁜 것으로 도배해 주거나 흠집이 있어도 고쳐주지 않고 그대로 입주하라고 한다. 세입자들은 초과수요로 예비 세입자들이 많으므로 어쩔 수 없이 그대로 입주할 수밖에 없다. 따라서 세입자는 자기가 울며 겨자 먹기식으로 새로 도배하거나 수리하여 초과 비용을 부담하거나 불량한 상태로 거주하게 된다.

또한 침대를 비롯한 가구와 냉장고를 비롯한 가전제품 등이 완

비되어 있던 곳에서는 이제 그것의 사용료를 따로 지불하라고 하여 역시 초과 비용을 부담하게 된다. 만약 정부가 사용료를 따로 받지 못하게 하면 가구와 가전제품을 치워버린다. 따라서 세입자는 자신이 구입할 수밖에 없고, 역시 초과 비용을 부담하게 된다.

이처럼 임대료규제는 새로운 세입자들에게 초과 비용을 치르게 하여, 원래 목적인 주거비용의 하락은커녕 오히려 규제가 없을 때보다 더 높은 주거비용을 치르게 하거나 질의 하락을 초래한다.

또한 질의 하락을 통한 서민임대주택의 슬럼화도 초래한다. 우리는 서민임대주택 단지의 슬럼화 현상을 볼 수 있는데, 그것의 주요 원인은 바로 임대료규제이다.

장기적으로는 임대료규제로 인한 임대주택의 수익성이 상대적으로 하락하여 서민임대주택의 공급이 감소하면서 서민임대주택의 부족은 더욱더 심화한다. 왜냐하면, 서민임대주택의 소유자들은 규제받지 않는, 수익성이 높은 고급 임대주택이나 다른 용도로 개조하기 때문이다. 이런 결과는 미국의 빈민가나 홍콩 등 여러 곳에서 현실로 나타났다. 이것을 두고 어느 학자는 "임대료규제의 위력은 폭격과 같다"라고 했다.

아울러 임대료가 규제되면, 주택건설업체들도 서민임대주택의 건설보다는 규제받지 않아 상대적으로 수익성이 높은 고급 임대주택이나 분양주택 등을 건설할 것이고, 그 결과 주택건설업체의 서민임대주택 공급도 잘 이루어지지 않아서 신규 건설도 부족하게 된다.

이처럼 가격(즉, 임대료)이 통제됨으로써 가격은 효율적인 생산을 유도하는 역할을 하지 못한다. 즉, 임대료가 규제됨으로써 서민 임대주택이 서민들이 바라는 대로 생산이 되지 않았다. 규제됨으로써 오히려 그 사회가 원하지 않던, 즉 과도한 고급 임대주택이나 분양주택이 건축되었고(서민 임대주택의 리모델링을 통한 변환도 포함), 그로 인해 인건비와 자재비가 폭등하여 물가가 급등하는 결과를 초래하였다. 임대료규제가 있었던 시기에 미국이나 홍콩 등에서는 물가가 폭등한 경험을 했다. 그 이후 이런 문제점을 해결하기 위해 미국이나 홍콩 등에서는 임대료규제를 해제했다.

이상에서 본 바와 같이, 정부는 어떤 목적을 달성하기 위하여 정부가 가격 형성에 직접적으로 개입하는 것을 가격 규제 또는 가격통제라고 한다. 가격 규제는 두 가지이다. 하나는 수요자(소비자)를 보호하기 위해 시행하는 최고가격제(가격상한제)이고, 다른 하나는 공급자(생산자, 판매자)를 보호하기 위해 시행하는 최저가격제(가격하한제)이다.

임대료규제는 최고가격제(가격상한제)이다. 정부는 수요의 증가나 공급의 감소로 가격이 상승할 때, 소비자를 보호하기 위해 가격 상승을 금지한다. 이와 같은 정부 간섭을 최고가격제 또는 가격상한제(price ceilings, maximum prices)라 한다. 왜냐하면, 정부가 소비자를 보호하기 위해 시장가격보다 낮은 최고가격(상한가격)을 설정하고, 그 가격보다 높은 가격으로 거래하지 못하게 법으로 금지하는 제도이기 때문이다.

최고가격제는 임대료규제에서 본 것처럼, 소비자를 보호하지 못할 뿐 아니라 오히려 소비자에게 더 큰 피해를 주고, 사회적으로 물가 상승 등의 문제를 초래한다.

정부가 시행한 정책이 목표 달성은커녕 오히려 부작용을 초래하는 이유는 그 정책으로 편익과 비용이 변하여 사람들이 행동의 변화를 시도하기 때문이다. 위에서 본 것처럼, 임대료규제가 되면 임대주택 소유자의 수익성이 상대적으로 하락하여 질의 저하나 공급 감소 등이 발생한다. 따라서 정부는 정책 시행 이전에 그로 인한 단기적 효과뿐 아니라 중장기적 효과를 올바르게 분석하여 그 정책의 편익과 비용을 판단하여 정책을 시행해야 한다. 단편적인 생각으로 정책을 시행해서는 안 된다. 국회나 정당에서도 마찬가지로 단편적인 생각에 따라 선동적인 정책을 시행하지 않아야 한다.

다음 강에서는 최저임금제의 효과를 통해 가격 규제의 또 다른 형태인 최저가격제의 효과를 살펴본다.

CHAPTER 17

최저임금제가 저임금근로자를 위한 제도인가?

정부는 다음과 같은 목적으로 최저임금제를 시행하고 있다. 「최저임금법」 제1조에 "근로자에 대하여 임금의 최저수준을 보장하여 근로자의 생활 안정과 노동력의 질적 향상을 꾀함으로써 국민경제의 건전한 발전에 이바지하게 함을 목적"으로 한다고 규정되어 있다. 가장 중요한 목적은 저임금근로자들의 소득을 높이기 위한 것이다.

그런데 일전에 아파트 경비원들이 국회에 가서 자신들에게도 적용되고 있는 최저임금제를 적용하지 않도록 요구했다. 이들은 왜 자신들에게 득을 주려는 최저임금제를 거부할까?

최저임금제가 적용되자 인건비가 상승함으로써 아파트 관리비가 높아졌다. 그러자 주민들은 관리비를 낮추기 위해 경비원을 줄이고 대신 자동문과 CCTV로 대체하기 시작했다. 그 결과 경비원들이 일자리를 잃게 되었다. 더욱이 최저임금제로 기존의 낮은 임금수준에서는 일을 하려고 하지 않고 임금수준이 더 높아지면 일을 하려고 대기하는 노동자들이 경비원 노동시장에 진입하면서 일자리가 그들로 대체된다.

그 이유는 다음과 같다. 일반적으로 그들은 생산성이 높기 때문에 이전의 낮은 임금수준에서 일하는 것을 포기하고 있던 노동자들이다. 따라서 고용주들은 같은 임금을 지급할 경우, 생산성이 높은 노동자를 고용할 것이다. 그 결과 기존의 경비원들은 아주 많이 해고당한다.

이런 이유로 경비원들이 최저임금제를 거부하는 것이다. 방금 살펴본 것처럼, 최저임금제의 시행으로 보호하려던 저임금근로자 중 다수가 실직하고, 해고되지 않은 일부 근로자와 새로 일자리를 얻는 사람들만 이득을 본다. 원래 목적과 상반된 결과를 초래하고 있다.

이 제도의 시행으로 생산성이 낮은 사람들이 해고당할 것이다. 구체적으로 그들은 누구인가? 기술 수준이 낮거나 경험이 적은 사람들로서 청소년층이나 노년층 근로자, 여성 근로자, 영세기업 및 소기업의 근로자, 비정규직 등이 될 것이다. 그들이 기술 수준을 높이거나 경험을 쌓기 위해서는 직장에서 계속 근무하여야 한다. 그런데 이 제도로 인해 해고됨으로써 생산성 향상을 통한 높은 소득을 얻을 기회를 오히려 박탈당하고 생계유지도 어렵게 된다.

그래서 이들 부류에 속한 근로자가 실직 위기에 있거나 구직 중에 놓인다면, 구직자들은 명목상으로 시장 임금수준보다 높은 최저임금을 받는 것으로 하고 실제로는 그보다 낮은 임금을 받고 취업하려고 시도하게 된다. 이것도 바로 '암거래'이다. 실질적으로 허용한 임금수준보다 낮은 수준으로 거래를 하는 것이다. 따라서 정부는 암거래가 발생하지 못하도록 단속과 처벌을 강력하게 시행할 수 있다. 그러면 사업주는 최저임금 미만의 수준에 대해서도 불만을 토로하지 않을 가족과 친인척이나 지인으로 대체하거나, 아니면 근로자와 다른 방식으로 물밑 거래를 할 수 있다. 근로자들은 최저임금을 수령하되 노동강도가 높은 일을 수행하거나, 원래 주어진 임무 외에 다른 부가적인 일들을 수행하거나, 심지어는 임금을 제 때에 받지 못할 수도 있다. 물론 이런 것에 대해 정부가 단속과 처벌을 할 수 있지만, 실제로 정부의 감시나 감독도 그렇고, 근로자가 이에 따른 고발 등을 하는 것도 쉽지 않다.

이런 문제점에도 불구하고 정부가 최저임금제를 강력히 시행하는 이유는 무엇일까? 아마도, 이 제도로 미숙련공들이 모두 실직하는 것이 아니라 일부만 실직하므로, 해고자에 대한 대책만 강구되면 단점을 보완하면서 장점을 발휘할 수 있다고 생각하기 때문일 것이다. 계속 근무를 하는 그들은 높은 노동강도와 다른 부가적인 업무가 수반되더라도 전보다 높은 임금을 획득할 수 있으며, 실직당하는 근로자나 구직자들에게는 실업수당이나 정부가 시행하는 무상의 취업 훈련 기회를 제공하여 숙련공으로 성장할 기회를 제공하여 중·장기적으로 볼 때 더 큰 혜택을 가져온다는 것이다. 이 기회를 이용하여 그들이 숙련공으로 전환되면 사회적으로도 노동생산성이 높아져 국가의 경제성장에도 기여할 수 있다고 생각하는 것이다.

그러나 문제는 그들이 숙련공이 되더라도 그들을 채용할 일자리가 창출되지 않는다는 것이다. 왜냐하면, 임금이 노동의 수요와 공급으로 결정되도록 해야 그들이 일자리를 얻을 수 있는데, 그것을 방해하는 최저임금제가 시행되고 있고, 노동조합이 노동의 수요와 공급으로 결정되는 시장 임금보다 높은 임금을 고수하기 때문이다(노동조합의 이러한 효과는 다음 17강에서 상세히 설명된다).

그러면 이러한 문제를 발생시키지 않고, 저소득근로자들의 소득을 증가할 방법은 없을까? 저소득근로자들에게 일정한 소득을 유지할 수 있도록 세금을 감면하거나 보조금을 지급하고, 특히 미숙련공들에게 기업 자체 현장 교육·훈련의 강화, 연수 기회의 증대 등을 통해 숙련공으로 전환할 기회를 많이 제공하는 기업에 정부가 보조금 지원과세금감면의 혜택을 주는 것이다.

결론적으로, 최저임금제를 시행하면 기존취업자 중 해고되지 않고 남아있는 일부와 새로운 취업자들이 이전에 비해 높은 소득을 얻지만, 기존취업자 중 다수가 일자리를 잃는다. 또한 실업을 당하지 않기 위해 비밀리에 낮은 임금을 받아들이는 암거래가 발생한다. 따라서 저임금근로자를 보호하기 위해서는 최저임금제보다 그들에게 세금 감면이나 보조금을 주는 것이 더 나은 효과를 초래한다.

최저임금제의 편익은 해고되지 않고 남아있는 일부와 새로운 취업자들이 이전에 비해 높은 소득을 획득하는 것이고, 비용은 기존취업자 중 다수가 일자리를 잃는다. 또한 실업을 당하지 않기 위해 비밀리에 낮은 임금을 받아들이는 암거래가 발생하는 것이다. 최저임금제는 편익보다 비용이 훨씬 더 큰 잘못된 정책이다.

최저임금제처럼, 정부는 수요의 감소나 공급의 증가로 가격이 하락할 때, 공급자(생산자)를 보호하기 위해 가격하락을 통제한다. 이와 같은 정부 간섭을 최저가격제 또는 가격하한제(minimum prices, price floors)라 한다. 왜냐하면, 정부가 공급자를 보호하기 위해 시장 가격보다 높은 최저가격(하한 가격)을 설정하고, 그 가격보다 낮은 가격으로 거래하지 못하게 법으로 금지하는 제도이기 때문이다.

최저가격제를 시행하면 수요량은 감소하고 공급량은 증가하여 재화가 남아도는 초과공급이 발생하게 된다. 따라서 설정된 최저가격은 재화를 적절히 배분하는 역할을 하지 못한다. 즉, 그 가격에서는 공급자들이 원하는 양만큼 판매할 수 없다. 따라서 만성적인 재고가 발생한다. 최저임금제에서 만성적인 재고는 실업이다.

최저가격제의 또 다른 예는 농산물 가격 지지제이다. 농산물 가격 지지제는 농산물의 공급자인 농부들의 안정적인 생활을 보호하기 위해 시장 가격 수준보다 높게 설정하여 그 이하로 거래하지 못하도록 통제하는 것이다. 이 경우에도 잉여 농산물이 초래되는 문제점이 발생한다. 그 결과 상대적으로 판매량이 많이 감소하는 농부들은 소득의 감소를 초래한다.

앞 강과 본 강에서 살펴본 바와 같이, 정부가 어떤 목적을 위해 가격을 규제하면, 경제주체(기업과 근로자)의 편익과 비용이 변하여 의도한 결과와 정반대의 효과를 초래한다는 점을 우리는 인식하여야 한다.

CHAPTER **18**

바가지요금은 나쁜 것인가?

가격 즉 시세는 수요와 공급으로 결정된다. 관광지나 피서지의 가격이 비싼 이유는 수요에 비해 공급이 너무 부족하거나 공급에 비해 수요가 너무 많기 때문이다. 이런 경우 부족 현상(즉, 초과수요)을 해결하는 과정에서 가격이 저절로 상승하는 것이다. 다시 말하면, 상인들이 가격을 상승시키는 것이 아니라 소비자들이 부족한 것을 서로 차지하려고 가격을 상승시키는 것이다.

물론 이런 반박을 할 것이다. 소비자들이 가격을 상승시키는 것이 아니라 상인들이 높은 가격으로 판매하니까 소비자들이 그 가격을 지불하는 것이다. 현장에서 눈으로 보는 상황으로 보면 위의 반박이 타당한 것으로 보일 것이다. 하지만 상인들이 그런 높은 가격을 부여할 수 있는 이유는 무엇일까?

그 이유를 파악하기 위해, 휴가철 피서지에서의 가격이 여러분들이 거주하는 지역의 가격과 같다고 했을 때, 어떤 상황이 전개될 것인지를 상상해 보자.

휴가철 피서지의 숙박 요금이 거주지의 숙박 요금과 같으면 방 부족현상이 발생한다. 다시 말하면, 그 요금에 이용하려는 피서객의 방에대한 수요가 피서지에 현존하는 방의 양(즉, 공급)에 비해 아주 많다. 따라서 현행 요금에서는 방 부족 현상이 발생한다. 부족한 방을 확보하기 위해 소비자인 피서객들이 스스로 가격 인상을 제안할 것이다. 가격 인상은 부족 현상이 사라질 때까지 발생한다. 만약 소비자들이 모두 그 높은 숙박 요금을 거절한다면 숙박업소는 높은 가격을 부를 수 없다. 숙박업소 주인이 높은 요금을 부르는 것은 그 요금에 숙박할 피서객이 충분히 있기 때문이다.

이처럼 피서지의 요금이 거주지의 요금보다 높아지는 것은 판매자가 요금을 인상하기 때문이 아니라, 수요가 공급을 초과하여 소비자들이 스스로 요금을 인상하기 때문이다.

아울러 소비자가 그 높은 요금을 받아들인다는 것은 그 교환으로 이득을 본다는 것을 의미한다. 왜냐하면 소비자가 그 교환으로 손해본다면 그는 교환하지 않을 것이다. 즉, 그 요금에 숙박하지 않을 것이다. 따라서 통상적으로 부르는 바가지요금으로 소비자가 착취당하는 것이 아니다. 하지만 평상시나 거주지에 비해 높은 요금을 지불하기 때문에 소비자가 손해를 본다고 주장할 수 있다.

이런 주장에 대해 똑같은 논리로 상인들도 이렇게 주장할 것이다. 피서철에 높은 요금을 받을 수 있는데 평상시에 낮은 요금을 받으니 우리도 손해를 본다. 그러므로 바가지요금으로 소비자가 착취 또는 손해를 본다는 주장은 잘못된 것이다.

이상에서 본 바와 같이, 바가지요금은 시세보다 높은 것이 아니다. 오히려 그 요금은 수요와 공급으로 결정된 시세이다. 휴가철 피서지의 숙박 요금을 바가지요금이라 한다면 서울의 주택가격이 다른 곳에 비해 높은 것도 역시 바가지요금이 된다. 따라서 백과사전에서 정의한 바가지요금은 잘못된 것이고, 소비자들이 그 요금으로 바가지를 쓴 것이 없으므로 그런 용어는 폐기되어야 한다.

하지만 통상적으로 바가지요금이라 하는 것을 사기와는 구별해야 한다. 소비자에게 품질을 속이고 높은 가격으로 판매를 한 것은 분명히 사기이고 소비자가 바가지를 쓴 것이므로, 우리는 이것을 바가지요금이라고 해야 할 것이다. 이런 바가지요금에 대한 규제는 필요할 것이다.

CHAPTER 19

노동조합은 노동자들을 위한 단체인가?

우리나라에서 노동조합은 노동자들의 이익을 위해 임금 상승을 시도하고 파업을 통해 관철한다. 일견, 이런 행위는 노동자들의 소득을 증가시킴으로써 노동자들의 이익을 위한 행위로 볼 수 있다. 그러나 과연 이런 행동이 노동자들에게 실질적으로 이익을 제공하는지 검토해 볼 필요가 있다. 왜냐하면, 이런 행동은 대다수 노동자에게 피해를 줄 수 있기 때문이다.

우리나라에서 노조의 임금인상은 실제로 노동의 수요와 공급이 일치하는 시장 임금보다 높게 추구된다. 그것이 가능한 이유는 우리나라의 노동조합법에서는 노조가 파업할 경우, 대체 근로자를 고용할 수 없기 때문이다. 물론, 철도 전력 등 기간산업에서는 대체근로자 고용이 허용된다.

만약 기업이 대체인력을 고용할 수 있다면 노조는 자신들이 원하는 임금을 고수할 수 없다. 그리고 현 임금수준에서 대체인력을 고용할 수 있으면, 그것은 시장 임금수준이 현 수준과 같다는 것을 입증하는 것이다. 왜냐하면 시장 임금은 노동의 수요와 공급으로 결정되고, 대체인력이 동일한 노동을 공급하기 때문이다. 따라서 파업을 통해 노사 간에 합의된 임금수준은 시장 임금보다 높은 수준이 된다.

물론 기업들은 파업에 대응하여 직장폐쇄 등을 할 수 있다. 그러나 기업들은 직장폐쇄로 인해 발생하는 손해를 고려하여 그 높은 임금을 받아들이게 된다. 아울러 기업들은 높아진 임금에 대응하여 손실을 줄이기 위해 노조와 암묵적으로 일부 해고를 합의한다. 기업들은 일부 근로자들을 즉각적으로 해고하거나, 즉각적으로 해고하지 않을 때 결원이 발생하더라도 보충하지 않거나 신입사원 충원을 축소하거나 혹은 비정규직을 고용하는 방법 등으로 해고를 실질적으로 진행한다.

노조가 사측과 일부 해고를 합의할 수 있는 이유는 노조원들이 노조로부터 세뇌되어 있기 때문이다. 일부가 해고됨으로써 나머지 근로자들의 소득이 증가하기 때문에 해고되는 근로자는 위대한 전사이며, 만약 이런 행위를 방해한다면 그들은 자신만을 생각하는 비열한 노동자로 낙인이 찍힐 것이라고 노조는 노조원들을 교육하며, 또한 회사의 실적이 좋아지면 해고된 근로자들부터 재고용이 된다고 설득한다. 한편 근로자들도 복불복처럼 높은 임금수준에서 나만 해고되지 않으면 된다는 사고를 갖고 있다.

이처럼 노조가 파업이라는 단체행동권을 이용하고, 나아가 노조원들을 세뇌하고, 노조원들이 복불복 사고를 갖고 있으면, 노사 간 합의된 임금수준은 시장 임금보다 높게 되는 것이다.

그 결과 해당 부문에서 해고로 인한 실업이 발생하거나 신입사원의 충원이 축소되거나 비정규직을 채용하는 일이 발생하게 된다. 해당 부문에서 해고된 자들과 충원이 축소되어 입사하지 못한 구직자들은 다른 부문으로 이동하게 된다. 그들이 이동하는 다른 부문들은 그들이 실직한 부문에 비해 일반적으로 임금이 낮은 부문이다. 그런데 그들이 이 부문으로 이동함으로써 이 부문의 노동공급이 증가하여 이 부문의 임금수준은 더욱더 낮아진다.

아울러 이런 식으로 이동이 연쇄적으로 발생하면, 여타 부문들의 임금수준은 아주 낮아지게 되고, 극단적으로 임금이 매우 낮아진 부문에서는 근로자들이 일자리를 포기하게 되므로 기업들은 최저생계비에 해당하는 임금을 지급하면서 고용을 감소시키므로 만성적인 실업이 초래되는 것이다.

이처럼 노조의 파업을 통한 시장 임금보다 높은 임금인상은 소수 근로자를 위해 다수 근로자가 저임금과 실업이라는 희생을 치른다.

그러므로 다음과 같은 결론을 도출할 수 있다. "노동조합의 이런 임금인상 행위는 노동자를 위한 행동이라고 볼 수 없으므로, 노동조합은 노동자들을 위한 단체로 볼 수 없다."

한편, 위에서 본 것처럼, 노조의 파업을 통한 임금인상의 편익은 소수 근로자의 임금인상이며, 비용은 다수 근로자의 저임금과 실업이다. 노조의 파업을 통한 임금인상의 비용이 편익에 비해 매우 높다. 사회적으로도 문제이다.

물론 노동조합이 필요 없다는 주장이 아니다. 노동자의 인권이나 건강 등에 대해서는 개별 노동자가 대응하기 어렵기 때문에, 이런 것을 위해 노동조합이 필요하다. 하지만, 파업을 통한 임금인상은 다수의 노동자가 피해를 보게 된다. 따라서 노동조합이 추구해야 하는 행동이 무엇인지를 노동조합 집행부는 다시 각성해야 할 것이다.

CHAPTER 20

기업은 비정규직을 선호하는가?

비정규직 고용의 결정요인을 파악하기 위한 이론적 토대는 이중 노동시장론이다. 왜냐하면 이 이론은 정규직 노동시장인 내부노동시장과 비정규직 노동시장인 외부노동시장의 존재와 내부노동시장이 외부노동시장에 대한 영향을 설명하는 이론이기 때문이다.

내부노동시장이란 임금 결정과 채용, 직무 배치, 승진과 같은 고용 결정이 시장경쟁원리에 의해서 결정되기보다는 기업 내의 일련의 관리 규칙으로 결정되는 시장이다. 반면 임금과 고용 결정이 시장경쟁 원리로 결정되는 시장이 외부노동시장이다.

저비용을 추구하는 기업으로서는 시장경쟁 원리에 따라서 임금과 고용을 결정하는 것이 이득이지만, 상대적으로 고비용 구조인 내부노동시장을 기업이 스스로 수용하는 이유는 다음과 같다. 기업이 노동자들에게 고용 안정성 및 승진 가능성, 상대적 고임금, 기업 내 교육훈련 및 각종 복리후생 등을 제공함으로써 안정적인 노동력 확보와 더불어 근로자들의 자발적 조직규율의 수용과 충성심을 유도함으로써 감시·감독에 따른 통제 비용의 감소와 생산성 향상을 제공한다.

그러나 내부노동시장은 고용 안정성 및 생산성 향상과 그에 따른 통제의 효율성을 증가시키는 반면, 기업의 시장 환경변화에 따른 임금과 고용 규모 조정을 어렵게 하는 단점을 내재하고 있다. 즉, 임금과 고용의 경직성을 내재하고 있다. 이런 점에서 내부노동시장은 한편으로는 고비용 구조 및 경직성이라는 특징을 다른 한편으로는 잠재적 효율 구조라는 특징을 지닌 이중적 성격이 있다. 따라서 내부노동시장의 성패는 기업이 근로자들의 기업 특수적인 숙련 향상과 자발적 규율 준수에 입각한 관료제적 통제를 얼마나 잘 효율적으로 운영할 수 있는가에 달려 있다.

따라서 내부노동시장의 효율성이 비효율성보다 많이 발휘되면 내부노동시장이 형성되고, 그 반대이면 외부노동시장이 형성되는 것이다. 실제로는 한 기업 내에서도 내부노동시장의 효율성이 비효율성보다 많이 발휘되는 부문은 내부노동시장으로 형성되고 그렇지 않은 부문에서는 외부노동시장으로 형성된다. 이처럼 노동시장은 내부노동시장과 외부노동시장이라는 이중구조로 형성되어 있다는 것이 이중 노동시장론이다.

그러나 내부노동시장의 형성이 방금 언급한 것과 같은 효율성의 논리에만 적용받는 것은 아니다. 내부노동시장은 특히 노동법 및 노동조합 등 외부 제도에 의해서도 영향을 받는다. 경기가 위축되거나 수요가 부진할 때, 수요변동에 따라 임금 변동이 이루어지는 임금유연성이 이루어진다면 내부노동시장의 규모는 크게 변동하지 않을 것이다. 그러나 내부자(즉, 정규직)들이 노동법과 노동조합을 통해 강력한 교섭력을 발휘하여 임금유연성, 특히 임금 하락을 거부한다면 내부노동시장의 축소와 외부노동시장의 확대가 추진된다.

또한 경기가 호전되거나 수요가 증가하더라도 내부자들이 노동법과 노동조합을 통해 강력한 교섭력을 발휘하여 수요와 공급이 일치하는 시장청산 임금보다 높은 임금 상승을 추구한다면, 내부노동시장의 확대가 이루어지지 않으므로 외부노동시장이 축소되지 않는다. 심지어 임금 상승 폭이 과다하면, 내부노동시장의 축소와 외부노동시장의 확대도 추진될 수 있다. 이런 상황이 전개되면 내부노동시장으로부터 배제된 노동자는 설사 동일한 자질이 있더라도 외부노동시장에 편입되어 상대적으로 낮은 임금과 불안정한 고용 상황을 감수해야 하는 비정규직으로 존재하게 되는 상황에 직면하게 된다.

강력한 노동조합이 존재하는 경우, 19강에서 본 바와 같이, 노동조합은 호경기든 불경기든 임금을 시장수요와 공급에 따라 결정하기보다는 교섭을 통해 시장청산 임금보다 높은 임금을 추구하면서 연공 서열에 의한 일정량의 해고를 받아들인다. 즉, 노동조합은 다수 노동자의 복지 향상을 위해 일부 노동자를 희생시킨다. 노조는 노동자들을 다음과 같이 세뇌한다. 해고를 받아들이는 노동자는 자신의 희생으로 다수 노동자의 임금 상승을 초래함으로 그들을 위대한 전사로 칭송하고, 반면 해고를 받아들이지 않은 노동자는 비열한 인간이라고 비난한다. 노조의 세뇌로 노동자들도 자신의 희생으로 다수 노동자의 복지가 향상될 수 있다는 신념으로 해고를 받아들인다.

이처럼 내부노동시장에서 내부자(즉, 정규직)들은 강력한 노동조합을 형성해 호경기에는 과도한 임금인상을 추구하고, 불경기에는 임금 하락을 거부하는 임금 하방경직성을 추구함으로써 자신들 중 일부가 해고되어 비자발적 실업자로 전락하고, 그 실업자들은 결국 외부노동시장으로 추방되어 임금과 고용조건이 나쁜 비정규직이 된다.

실제 1990년대 이후 이런 상황이 전개되고 있다. 우리나라의 내부노동시장은 임금 유연화를 추구하던 세계적인 추세와 달리 내부자들이 노동법과 노동조합을 통해 강력한 교섭력을 발휘하여 임금 및 고용 경직성이 더욱 강화되었다. 따라서 기업은 내부노동시장의 축소와 외부노동시장의 확대를 통한 수량적 유연성을 시도해 왔다.

이상으로부터 우리는 내부노동시장에 강력한 교섭력을 가진 노동조합이 존재한다면 내부노동시장의 축소와 외부노동시장의 확대를 통하여 상대적으로 낮은 임금과 불안정한 고용 상황을 감수해야 하는 비정규직의 증가를 초래한다는 것을 알 수 있다.

물론 기업들은 경쟁의 격화와 수요 불확실성에 대비하여 핵심 노동자층을 내부노동시장에서 정규직으로 고용하고 나머지를 외부노동시장에서 비정규직으로 고용함으로써 수량적 유연성을 제고하여 노동비용을 절감하는 방향으로 자신들의 인사전략을 변화시켰다, 따라서 흔히 기업이 정규직보다는 비정규직의 고용을 선호한다고 주장된다.

그러나 기업들이 이런 식으로 인사전략을 추구한 것은 내부자들이 노동법과 노동조합을 통해 강력한 교섭력을 발휘하여 임금 및 고용유연성을 거부하므로 어쩔 수 없이 추구한 차선책이었다. 다시 말하자면 기업의 원하는 최선책이 아니었다.

그 이유는, 위에서 본 것처럼, 정규직들이 임금 및 고용유연성을 허용한다면 기업은 정규직에 비해 상대적으로 생산성 및 통제의 효율성이 낮은 비정규직을 구태여 선호하지 않을 것이기 때문이다. 따라서 기업이 정규직보다는 비정규직의 고용을 선호한다는 주장은 잘못된 것이다.

비정규직이 존재하고 그들의 고용조건이 열악한 이유 중 가장 중요한 것은 내부노동시장의 경직성이다. 내부노동시장에서 내부자(즉, 정규직)들이 자신들 이익을 위하여 강력한 노동조합을 형성하여 과도한 임금인상 또는 임금 하방경직성을 추구함으로써 외부노동시장에서 비정규직이 존재하고 그들의 고용조건이 열악하게 된다.

CHAPTER 21

실업에 관한 경제이론의 가르침

경제원론에 나오는 실업 이론을 소개한다. 왜냐하면, 정부가 이 기본적인 이론의 가르침을 깨닫지 않고 무시하면서 실업 문제를 해결하려고 노력함으로써 오히려 실업 문제를 더 악화시키고 있기 때문이다.

실업은 크게 두 가지로 분류할 수 있다. 하나는 자발적 실업이고, 다른 하나는 비자발적 실업이다. 자발적 실업은 근로자가 더 높은 임금 혹은 자신의 취향과 기능에 맞는 일자리를 탐색하는 과정에서 발생하는 실업으로서, 이 실업은 근로자가 현 임금수준에서 자발적으로 선택한 실업이므로 자발적 실업이라 한다. 비자발적 실업은 근로자가 현 임금수준에서 일자리를 구하는데도 일자리를 구하지 못해서 발생하는 실업이다.

자발적 실업은 없앨 수도 없으며, 불가피한 것이다. 따라서 자발적 실업은 일시적이고 또한 문제가 되는 것이 아니다. 그러나 비자발적 실업은 장기적이고 실질적으로 문제가 되는 실업이다.

그렇다면 비자발적 실업은 왜 발생하는가? 임금수준이 노동수요와 공급이 일치하는 수준(즉, 시장임금)보다 높기 때문이다. 임금이 시장임금보다 높아지면 노동의 수요량이 감소하고 공급량이 증가하여 일자리가 부족해진다. 임금수준이 시장임금이면 노동의 수요와 공급이 일치하여 비자발적 실업이 발생하지 않고, 단지 자발적 실업만 존재한다. 이하 비자발적 실업을 실업이라고 칭한다.

임금수준이 시장임금보다 높아지는 이유는 무엇인가? 정부의 최저임금제와 노동조합의 단체교섭이다. 최저임금제의 효과와 노동조합의 효과를 차례로 살펴보자.

17강에서 본 것처럼, 최저임금제는 저임금근로자의 소득을 상승시키기 위해 시장임금보다 높은 수준으로 거래가 이루어지도록 정부가 규제하는 임금이다. 최저임금제를 시행하면 임금수준이 시장임금보다 높아지므로 노동 공급량은 증가하고 수요량은 감소하여 노동시장에서 노동과잉 현상이 발생하여 실업이 발생한다. 고용상태를 유지하는 근로자들은 전보다 소득은 높아지지만 해고되는 근로자는 소득을 상실하는 피해를 본다, 따라서 최저임금제는 실업을 초래할 뿐 아니라 소득 상실도 초래한다. 저임금근로자의 보호를 위해서는 최저임금제보다 저소득근로자에 대한 보조금 정책이 더 효율적인 정책으로 평가된다.

19강에서 본 것처럼, 노동조합의 단체교섭을 통한 임금수준은 시장임금보다 높다. 왜냐하면, 노동조합은 단체교섭을 할 때, 자신들이 원하는 높은 임금수준이 달성되지 못하면 파업을 할 수 있기 때문이다. 파업은 생산, 매출, 이윤을 감소시키기 때문에 파업 위기에 직면한 기업은 높은 임금수준에 합의한다. 연구 결과에 따르면 노동조합이 있는 근로자의 임금이 노동조합이 없는 근로자의 임금에 비해 10~20% 높은 것으로 나타난다.

노동조합이 임금을 시장임금보다 높게 인상하면 최저임금제와 마찬가지로 노동 공급량은 늘고 수요량은 감소하여 실업이 발생한다. 고용상태를 유지하는 근로자들은 전보다 소득이 높아지지만 해고되는 근로자는 소득을 상실하는 피해를 본다,

해고된 근로자들은 해고된 기업에서 높은 임금으로 다시 재취업할 때까지 기다리거나, 노동조합이 결성되지 않은 다른 기업에서 일자리를 찾는 것이다. 따라서 다른 부문에서 노동의 공급이 증가하고 임금수준은 하락한다. 심지어 어떤 부문에서는 임금수준이 너무 하락하여 근로자들은 일자리를 포기하게 되고, 기업들은 생산할 수 없게 된다. 이에 대응해 기업들은 생산을 위해 근로자들이 일자리를 포기하지 않도록 임금수준을 높이면, 일자리를 포기한 근로자 중 일부만 고용되므로 역시 실업이 발생한다.

이처럼 노동조합의 단체교섭과 파업으로 일부 근로자는 이득을 보지만 다른 근로자들은 임금수준이 낮아지거나 일자리를 구할 수 없게 되는 피해를 본다. 따라서 노동조합의 단체교섭과 파업은 임금 격차를 발생시키는 주요한 원인 중 하나가 된다. 노동조합의 임금에 대한 간섭이 없다면 시장에서 형성되는 낮은 임금수준도 현재 시행하는 최저임금보다 상당히 높을 것이고, 실업이라는 부작용이 발생하는 최저임금제를 시행하지 않아도 될 것이다.

이상에서 본 바와 같이, 실업이 발생하는 이유는 정부의 최저임

금제와 노동조합의 단체교섭으로 인한 임금수준이 시장임금보다 높기 때문이다. 더욱이 노동조합의 임금수준에 대한 시장간섭이 없다면 임금 격차는 완화되므로 실업을 초래하는 최저임금제를 시행하지 않아도 될 것이다.

한편, 불황이 발생하여 실업이 발생할 때도, 정부의 간섭이 없으면 임금 하락과 호황 기업(불황기에도 고객이 선호하는 제품을 만드는 기업)의 취업을 통해 실업이 해결된다. 기업의 목표는 이윤극대화이다. 임금 등 비용이 하락하면 기업의 수익성이 향상되므로 생산 증가를 추구하고 따라서 고용이 증가한다. 물론 임금하락 등을 통해서도 기업의 수익성이 호전될 수 없어서 도태되는 기업들이 존재할 수 있다. 그런 기업들로부터 일자리를 잃게 된 실업자들은 호황 기업에 취업할 수 있다. 호황 기업의 경우 기업의 수익성이 향상되므로 생산의 증가와 고용의 증가가 수반되기 때문이다. 그러나 만약 호황 기업의 노동조합에서 기존 근로자들의 임금하락 또는 적은 임금인상을 우려하여 고용 증가를 반대하면 실업자들이 취업할 수 없고, 그로 인해 실업 역시 해결될 수 없다.

또한 공무원 증원 등의 정부개입은 한편으로는 일자리를 창출하지만 다른 한편으로는 양질의 일자리를 축소한다. 증원된 공무원의 급여는 국민의 세금으로 충당된다. 세금 증가로 국민의 가처분소득(=소득 − 세금)이 감소하므로 국민이 상대적으로 더 선호하는 재화와 서비스를 공급하는 민간 부문에서는 수요가 감소하여 양질의 일자리가 축소되는 반면, 국민이 상대적으로 덜 선호하는 재화와 서비스를 공급하는 공공부문의 일자리가 증가하는 것이다. 이처럼 정부는 일자리를 창출할 수 없을 뿐 아니라, 양질의 일자리를 축소한다.

위에서 살펴본 실업에 관한 경제이론의 가르침은 다음과 같은 시사점을 제시한다.

(비자발적) 실업은 정부와 노동조합의 노동시장에 대한 간섭으로 발생하는 것이지, 간섭이 없는 자유 노동시장에서는 발생하지 않는다. 실업의 해결책은 시장에 맡겨두는 것이다. 실업 문제를 해결하기 위해 정부는 노동시장에 개입해서도 안 되고, 임금수준에 간섭하는 노동조합의 행위도 허용해서는 안 될 것이다. 물론 노동조합의 근로자 인권 보호, 건강 보호 등의 근로자 보호를 위한 본질적 행위는 허용되어야 할 것이다.

CHAPTER 22

부동산 가격상승 원인은 투기인가?

문재인 정부 시절에 정부의 다양한 부동산 대책에도 불구하고, 부동산 가격이 계속 폭등했다. 이에 정부는 다주택자에 대한 중과세를 시도했다. 다주택자에 대한 중과세는 투기를 억제하기 위한 수단이다. 이 정책을 시행하는 이유는 정부가 부동산 가격폭등의 원인을 부동산투기로 간주하기 때문이다.

그러나 이런 정책은 부동산 가격을 안정시키기는커녕 오히려 부동산 가격의 폭등을 초래할 것이다. 왜냐하면, 부동산투기가 부동산 가격상승 원인이 아닐 뿐만 아니라 투기 규제로 미래 수요에 부응하지 못하는 공급을 초래하기 때문이다. 물론 투기꾼의 사재기로 인한 수요 증가로 가격이 상승할 수 있다. 하지만 투기꾼의 사재기로 인해 가격상승 현상이 발생하더라도 우리가 투기꾼 때문에 부동산 가격이 폭등한다는 결론을 내리는 것은 눈에 보이는 빙산의 일각만 보고 빙산의 크기를 판단하는 우를 범하게 되는 것이다. 일시적이고 단기적인 효과보다는 중장기적인 효과를 살펴봐야 부동산투기의 효과 및 부동산 가격 폭등 원인을 올바르게 밝힐 수 있다.

부동산투기의 장단기 효과를 분석하기 위해서는 우리는 투기꾼이 왜 사재기하는지 살펴보아야 한다. 투기꾼이 사재기하는 이유는 싸게 구입한 후 비싸게 팔아서 그 차익을 남기려고 하는 것이다. 이것은 모든 비즈니스의 원칙이며 투기꾼에게만 특별한 것이 아니다.

그렇다면 어떻게 그들은 현재 구입 가격보다 나중에 더 비싸게 팔 수 있다고 판단할 수 있을까? 그들은 정보를 이용하여 미래의 수요와 공급을 예측하고 그에 따른 미래 가격의 상승과 하락을 예측한다. 만약 그들의 예측이 틀린다면 엄청난 손해를 볼 것이기 때문에 엄청난 비용을 들여 미래를 예측한다. 만약 그들 예상대로 가격이 상승하면 그들은 투기를 통해 돈을 벌게 될 것이다. 그러나 예상과 달리 가격이 상승하지 않거나 하락하면 그들은 손해를 보게 된다. 10여 년 전에 잘못 예측하여 막차를 탄 사람들이 엄청난 손실을 본 경험도 있다. 이것은 투기는 아무나 하는 것이 아니라는 점을 시사한다. 따라서 투기꾼들의 예상은 상당히 정확하다.

현재 투기꾼들이 사재기를 계속하거나 팔지 않고 보유하는 이유는 부동산 정책과 여러 가지 경제 여건을 고려할 때 미래 시점의 수요에 비해 미래 시점의 공급이 부족하여 가격이 계속 상승하리라고 예측하기 때문이다.

부동산 가격변동을 부동산투기에 대한 규제 여부에 따라 비교해 보자. 부동산투기가 발생한다는 것은, 위에서 언급한 바와 같이, 투기꾼들이 미래 시점의 수요에 비해 미래 시점의 공급이 부족하여 가격이 계속 상승하리라고 예측하기 때문이다. 현재 부동산 가격이 1,000원이라고 하자, 투기꾼들이 가격상승을 예상하여 부동산을 구입하면 현재 부동산 가격은 1,200원으로 상승한다. 이 현상을 보고 투기꾼들이 부동산 가격을 폭등시키고 실수요자에게 피해를 준다고 비난받는다.

이런 투기꾼에 대한 비난에도 불구하고 정부가 투기를 규제하지 않으면 어떻게 전개될 것인지를 보자. 부동산 가격상승으로 부동산 건설의 수익성이 증가하므로 부동산 건설이 예전보다 증가하여 부동산 공급이 증가한다. 그 결과 미래 부동산 가격은 약간만 상승하여 1,300원이 될 것이다. 그런데 정부가 부동산 투기를 규제하면 부동산 가격이 미래 수급을 반영하지 못하여 현재 가격은 상대적으로 낮게 형성된다(예를 들면, 1,000원). 그로 인해 부동산 건설의 수익성이 상대적으로 낮아져서 부동산의 공급은 상대적으로 적게 증가한다, 그 결과 미래 부동산 가격은 1,500원으로 폭등하게 된다. 이런 폭등은 부동산 투기를 규제함으로써 미래 수요에 부응하지 못하는 공급 증가로 발생한 것이다.

그리고 규제가 없을 때는 가격변동이 1,200원~1,300원으로 100원이지만 규제가 있으면 가격변동이 1,000원~1,500원으로 500원이 되어 훨씬 더 심해진다. 오히려 규제가 없을 때 가격이 안정화되는 것이다. 그 이유는 규제가 없을 때 미래 수요에 부응하도록 적절하게 공급이 되기 때문이다. 그렇게 될 수 있는 것은, 위에서 본 바와 같이, 투기꾼이 미래 수급을 반영하여 현재 가격에 영향을 주기 때문이다.

이처럼, 투기꾼은 상식과 달리 가격폭등 및 가격변동 심화의 주범이 아니라 오히려 가격안정화 역할을 하는 것이다. 물론 투기꾼들이 이런 역할을 시도한 것은 아니지만 사회적으로 유용한 역할을 하게 되는 것이다. 우리가 어떤 집단의 사회적 역할을 그들의 의도에서 파악해서는 안 된다. 누구나 자신의 이익을 위해 행동한다. 중요한 것은 개인의 의도가 아니라 사회적 결과이다.

그리고 투기꾼이 있음으로써 오히려 실수요자들에 이득이 된다. 단기적으로는 부동산 가격이 1,000원에서 1,200원으로 상승함으로써 실수요자에게 피해를 주는 것처럼 보이지만, 중장기적으로 가격이 안정화됨으로써 실수요자에게 이득을 주는 것이다. 위에서 본 바와 같이, 규제하면, 미래 실수요자는 1,300원이 아니라 1,500원 이상을 지급해야 하고 그들이 구입할 수 있는 부동산의 공급도 상대적으로 적게 된다. 이처럼 부동산 투기꾼은 상식과는 달리 오히려 부동산의 적절한 공급 및 가격안정화에 이바지함으로써 실수요자에게 이득을 제공한다.

부동산투기뿐만 아니라 모든 투기는 이런 긍정적인 역할을 한다. 투기는 미래 수요에 부응하는 공급을 유도하여, 가격을 안정화하며 실수요자에게 이득을 제공한다.

이상에서 본 바와 같이, 부동산투기를 규제하면 미래 수요에 부응하는 적절한 공급이 되지 못함으로써 부동산 가격폭등을 유도한다. 따라서 부동산 가격폭등의 원인은 부동산투기가 아니라는 것을 알 수 있다. 오히려 부동산 가격폭등 원인 중의 하나가 부동산투기에 대한 규제임을 알 수 있다. 역설적으로 부동산투기에 대한 규제가 오히려 비정상적인 부동산 투기를 조장하게 되는 것이다.

부동산 가격이 폭등하는 근본적인 이유는 미래 수요에 부응하지 못하는 공급이다. 위에서 본 바와 같이, 정부의 규제가 없는 시장에서는 미래 수요 및 공급에 따른 가격변동을 통해 적절하게 공급이 조정된다. 정부가 규제를 가하게 되면 적절한 공급이 이루어지지 않아 공급부족과 가격폭등이 발생한다. 따라서 부동산 가격을 안정화하려면 정부는 부동산에 대한 규제를 모두 풀고 시장에 맡겨야 한다.

일부 학자들은 부동산 이외의 다른 상품에 대한 투기는 긍정적인 역할을 한다는 점에 동의하지만, 부동산의 특수성 특히 공급의 고정성 때문에 부동산 투기가 부정적인 효과만 낳는 백해무익한 것으로 보고 있다.

그들은 상품을 새롭게 생산하는 것이 불가능하면, 투기의 긍정적 역할은 사라지고 부정적 효과만 초래한다는 것이다. 투기가 가격폭등을 초래하고 가격폭등은 다시 투기를 초래하는 악순환이 발생한다는 것이다. 이 경우 투기는 자연적으로 소진되지 않고 가격을 계속 폭등시켜 경제의 다른 분야에 엄청난 타격을 가한 후에야 사라지게 된다는 것이다.

가격이 상승할 때 공급 증가가 불가능한, 즉 공급의 고정성을 갖는 대표적인 것이 토지이다. 토지 위에 건물 공급은 늘릴 수 있지만 시간이 많이 소요된다. 그러므로 부동산투기는 악순환뿐만 아니라 심각한 해악을 끼친다고 일부 학자들은 주장한다. 그들이 다른 상품과 달리 부동산에 대해 부정적인 시각을 갖는 근본적인 원인인 부동산의 특수성 특히 공급의 고정성을 검토해 보자.

주택과 아파트 같은 부동산은 공급이 고정되어 있지 않다. 다만 공산품이나 농산품에 비해 공급이 아주 완만하게 증가할 뿐이다. 토지도 공급이 고정되어 있지 않다. 토지 전체의 양은 간척 등이 없는 한, 거의 일정하다. 그렇지만 토지의 가격은 토지 전체의 공급과 수요에 의해 결정되는 것이 아니다. 그것은 지역별, 용도별로 결정된다. 특히 용도별에 초점을 두게 되면 토지의 공급은 고정된 것이 아니라 변동된다. 예를 들어, 택지 수요의 증가로 택지 가격이 상승하면 공장, 농지, 임야 등이 택지로 변경된다. 따라서 부동산 투기도 부정적 효과를 초래하지 않고 다른 상품처럼 긍정적인 효과를 초래한다. 따라서 부동산 투기도 규제해서는 안 된다.

혹자는 부동산을 규제하지 않으면 부동산 투기가 극심해져 부동산 가격이 비이상적으로 급등한다고 우려할 것이다. 그렇지 않다. 정부가 규제를 풀면, 미래 수요에 부응하는 적절한 공급이 이루어져 부동산 가격이 안정화될 것이라고 대부분 예상하게 될 것이고, 그 결과 오히려 부동산에 대한 비정상적인 투기가 감소하게 되어 부동산 가격은 바로 하락하면서 안정화된다.

한편 일부에서는 부동산 투기 억제책을 시도하면서 부족한 공급 증가를 위해 공공주택 공급을 주장한다. 위에서 본 바와 같이, 적절한 공급은 시장의 가격변동을 통해서 이루어진다. 그런데 투기를 규제하면, 위에서 본 바와 같이, 미래 수요와 공급을 반영하는 가격이 형성되지 않게 되고, 그 결과 적절하게 공급되지 않는다.

이런 문제를 해결하기 위해 당국이 경제계산에 근거하여 공공주택을 공급하려고 시도해도 역시 문제가 해결되지 않는다. 왜냐하면, 미래 수요와 공급을 반영하는 가격은 규제가 없는 시장에서만 도출될 수 있기 때문이다. 계획 당국은 미래 수요와 공급을 반영하는 가격을 절대로 계산할 수 없다. 그들이 계산한 가격에 의해 공급을 추진하면 어떤 지역에서는 과도하게 어떤 지역에서는 과소하게 공급이 될 것이다. 그리고 수요자들이 원하는 적절한 평형의 주택 공급도 이루어지지 않고, 원하는 질의 공급도 이루어지지 않을 것이다. 과거 중국이나 러시아 등 사회주의 국가들의 계획경제에서 소비자들의 욕구가 충족되도록 재화(부동산도 포함)가 공급되지 않은 이유가 바로 당국 계산에 의한 계획경제였기 때문이다. 이미 사회주의 국가들은 계획경제의 문제점을 인식하고 당국 계산에 의한 공급을 포기했는데, 우리가 오히려 그런 문제점이 있는 방식을 채택하려고 하니 상당히 앞날이 우려스럽다.

그러나 정부가 부동산에 대한 모든 규제를 해제하더라도 부동산 가격이 높게 상승할 수 있다. 부동산 가격이 급격하고도 지속해 오르는 또 다른 근본적인 이유는 통화량의 증가이다. 일국의 총생산량 증가에 비해 통화량 증가가 많다면 물가는 상승한다. 총생산량이 10% 증가할 때 통화량이 20% 증가하면 물가는 10% 상승한다. 이처럼 물가가 지속하여 상승하는 이유는 일국의 총생산량 증가에 비해 통화량 증가가 많기 때문이다. 유독 부동산 가격이 다른 재화의 가격보다 더 많이 상승하는 이유는 부동산이 화폐가치(화폐의 구매력 : 화폐로 구입할 수 있는 재화의 양)의 하락을 보전할 수 있는 거의 유일한 자산이기 때문이다. 다시 말하면, 통화팽창으로 인한 인플레이션 시기에 부동산이 자산으로서 다른 어떤 재화보다 매력적이기 때문이다.

이상으로부터 다음과 같은 결론을 도출할 수 있다. 부동산시장을 안정시키려면, 부동산투기 규제를 비롯한 다양한 부동산 규제를 해제하고, 통화량도 적절히 조절해야 한다. 즉, 부동산시장을 안정화하려면 역설적으로 정부는 부동산시장에 개입하지 말아야 한다. 정부의 개입이 오히려 부동산시장을 불안정하게 하는 것이다.

CHAPTER 23

분양가 상한제가 부동산 가격을 안정시키는가?

정부는 부동산 가격을 안정시키기 위해 부동산 투기억제책과 더불어 분양가 상한제를 시행한다. 그런데 과연 분양가 상한제가 정부의 의도대로 부동산 가격을 안정시킬 수 있을까? 아마도 일시적으로 효과를 거둘 수 있을지라도 조만간 오히려 가격은 더욱 더 폭등할 가능성이 높아질 것이다.

분양가 상한제는 가격 규제의 일종인 최고가격제이다. 최고가격제는 시장에서 공식적으로 거래할 수 있는 최고가격을 법으로 규제하는 것이며, 그 최고가격은 일반적으로 수요와 공급이 일치하는 시장가격보다 낮게 설정된다. 따라서 분양가 상한제를 시행하면 최고가격제의 효과가 필연적으로 수반될 것이다.

16강에서 본 바와 같이, 최고가격제의 효과는 다음과 같다. 첫째, 강제로 규제하기 때문에 공식적인 가격은 규제 없을 때보다 낮아진다. 둘째, 가격이 낮아짐으로써 수익성이 악화하여 향후 공급이 위축됨으로 심한 부족 현상이 발생하여 가격은 급격히 상승하게 된다. 셋째, 재화의 질이 하락한다. 가격이 하락하여 수익성이 낮아짐으로 공급자들은 수익성을 유지하기 위해 질을 하락시킨다. 넷째, 공식적인 가격 이상으로 거래되는 암거래 및 암시장이 발생한다. 가격상한제로 재화가 부족해지므로 소비자들은 공식 가격인 최고가격보다 훨씬 더 높은 가격(즉, 상한제를 시행하지 않을 때 가격보다 더 높은 가격)을 지불하고라도 구입하려 한다.

분양가 상한제에도 이와 유사한 효과가 나타날 것이다.

첫째, 분양가 상한제를 시행하지 않은 때에 비해 가격이 규제됨으로써 부동산 가격이 일시적으로 안정될 수도 있다.

둘째, 분양가 상한가를 적용받는 건설회사 혹은 재개발업자의 수익성을 악화시켜 아파트 공급물량을 위축시킴으로써 앞으로 아파트의 부족 현상은 심해져서 가격은 급격히 상승하게 될 것이다.

셋째, 분양가 상한가를 적용받는 건설회사 혹은 재개발업자들은 수익성을 유지하기 위해 이전에 비해 품질이 낮은 아파트를 제공할 것이다.

넷째, 완공 후 실거래가격은 엄청 높을 것이다. 따라서 당첨된 사람들은 로또에 당첨된 것과 같은 효과를 초래하므로 정부가 인위적으로 비정상적인 투기를 조장하고, 실수요자들에게 부의 불평등을 일으키는 특혜가 된다. 물론 이를 방지하고 가격상승을 억제하기 위해 전매제한을 하지만, 암거래가 발생할 것이므로 별 효과가 없을 것이다.

다섯째, 급격한 가격상승이 예상됨으로써 기존 아파트의 매물이 줄어들고 수요는 급격히 증가하여 단기적으로도 가격이 안정될 수 없을 것이다.

이처럼 분양가 상한제는 정부의 의도와는 정반대로 부동산 가격 상승을 부채질하는 정책으로 볼 수 있다. 따라서 정부는 경제원리에 따라 가격 규제 등 시장간섭을 하지 않아야 가격 안정을 이룰 수 있다.

마찬가지로, 앞 강에서 본 바와 같이, 정부는 부동산투기 억제책도 시행해서는 안 된다. 투기는 일반 상식과 달리 오히려 가격안정화의 역할을 한다. 투기억제책을 시행하면, 미래 수요에 부응하지 못하는 미래 공급의 부족으로 부동산 가격은 계속 폭등할 것이다.

CHAPTER 24

정부는 부실기업을 지원해야 하는가?

정부는 부실기업을 지원하지 않으면 그 기업이 도산하게 됨으로써 그 기업 종사자와 협력업체 종사자가 일자리를 잃게 되고, 그 결과 구매력이 하락하여 경기가 침체한다고 주장한다. 따라서 정부는 한편으로는 일자리를 유지하고, 다른 한편으로는 구매력을 유지하기 위해 부실기업을 지원하는 경우가 자주 발생한다. 특히, 불황기에 그런 경우를 자주 볼 수 있다.

그러나 정부의 주장은 오류이다. 이 주장은 부실기업이 된 이유와 그로 인해 발생하는 효과를 올바르게 분석하지 못하고 있다.

부실기업이 된 이유는 기본적으로 고객들이 부실기업의 제품을 선호하지 않아서 잘 팔리지 않기 때문이다. 따라서 시장에 맡겨둘 경우, 부실기업은 도태되거나, 또는 구조조정 및 생산감축과 혁신을 통하여 부실기업에서 벗어날 수 있다. 이 과정에서 일자리 감소가 발생하고, 그로 인해 소득이 감소함으로써 유망기업(고객이 선호하는 제품을 생산하는 기업)에 대한 구매력이 위축될 수 있다. 그러나 일자리 감소와 구매력의 위축이 지속적인 것은 아니다.

부실기업의 해고자와 유휴 장비는 유망기업에 대한 (노동을 비롯한) 요소 공급을 증가시킨다. 그 결과, 유망기업의 (임금을 비롯한) 요소비용을 하락함으로써 유망기업에서 (노동을 비롯한) 요소의 고용이 증가하고 생산이 증가한다. 이 과정에서 부실기업에서 해고된 근로자와 장비들이 유망기업으로 이동하게 된다. 따라서 유망기업들에서 소득이 새로이 창출되어 여러 유망기업의 수요를 창출하게 된다. 이것이 효율적인 생산구조와 자원배분으로 가는 과정이다.

부실기업을 지원하지 않으면 단기적으로는 정부의 주장처럼, 일자리와 구매력이 감소할 수 있지만, 시장의 조정과정을 거치면 정부의 주장과 다르게 더 좋은 일자리 창출과 더 높은 구매력 창출이 달성된다.

그런데도 정부가 중장기적인 효과는 인식하지 못하고 단기적인 부정적 효과만을 인식하여 부실기업을 지원하게 되면, 다음과 같은 효과가 발생한다.

부실기업이 된 이유는, 위에서 언급한 것처럼, 기본적으로 고객들이 부실기업의 제품을 선호하지 않아서 잘 팔리지 않기 때문이다. 따라서 부실기업이 지원을 받아서 계속 생산하더라도 수요가 부족하기 마련이다. 부실기업 지원으로 발생한 소득은 고객이 선호하는 제품을 생산하는 기업(즉, 유망기업)의 제품을 구매하는데 주로 지출되는 반면, 부실기업 제품을 구매하는데 거의 지출되지 않는다. 따라서 부실기업 지원으로 발생한 소득은 고객이 선호하는 기업의 수요를 창출할 뿐이지, 부실기업의 수요를 창출하는 것은 아니다.

이처럼 부실기업을 지원하면, 지원하지 않을 때(즉, 부실기업이 도산될 때) 단기적으로 발생하는 유망기업에 대한 수요 위축 현상이 나타나지 않으므로 유망기업의 수요가 유지되는 것처럼 보일 수 있다. 그러므로 부실기업의 지원이 일자리 및 구매력 유지라는 정부의 목표를 달성시키는 것처럼 보인다.

하지만 이런 결과는 부실기업을 지원하지 않을 때 유망기업에 대한 구매력(수요)과 차이가 없다. 왜냐하면, 조세로 마련된 자금으로 부실기업을 지원하면, 한편으로는 부실기업 지원으로 발생한 소득은 유망기업의 수요를 창출하지만, 다른 한편으로는 조세로 인해 조세 납부자의 소득이 감소하여 구매력이 감소함으로써 유망기업의 수요가 감소하는 구축효과가 발생하기 때문이다. 따라서 부실기업을 지원한다고 해서 지원하지 않을 때보다 구매력이 더 향상되는 것은 아니다.

더구나, 위에서 본 바와 같이, 부실기업의 지원으로 발생한 소득은 부실기업의 수요를 창출하는 것이 아니며, 유망기업의 수요를 창출할 뿐이다. 그로 인해 유망기업에서 창출된 소득도 부실기업의 수요를 창출하지 않는다. 부실기업을 지원하는 것은 밑 빠진 독에 물 붓기를 하는 것과 같다. 따라서 부실기업은 지원으로 회생할 가능성은 거의 없다. 그 결과, 부실기업과 협력업체의 일자리가 유지될 수 없다.

부실기업의 회생은 스스로 임금 인하, 생산축소, 고용감소 등의 구조조정과 혁신을 통해 가능하고, 아울러 그런 고통을 수반하는 기업 인수를 통해서도 가능하다, 그렇게 해서도 고객이 호응하지 않으면 도산될 수밖에 없다. 정부가 부실기업을 지원하지 않고 시장에 맡겨두면, 이런 과정에서 해고된 근로자와 유휴화된 장비는 더 효율적인 생산에 투입되어 경제는 건강해진다.

이상의 분석을 토대로, 우리는 다음과 같은 결론을 도출할 수 있다.

정부의 부실기업 지원은 부실기업 도태로 인해 감소하는 고용과 구매력을 유지하는 대책이 아니며. 오히려 경제가 건강하게 되는데 걸림돌이 된다. 경제가 건강해지려면, 정부는 개입하지 않고 시장에 맡겨야 한다.

부실기업이 법정관리를 신청할 때도, 법원은 이런 점을 반드시 고려하여 결정해야 할 것이다.

CHAPTER 25

조세로 조달한 재정정책의 빛과 그림자

문재인 정부 초기. 문재인 대통령과 윤종원 경제수석은 추경을 통과시키지 않는 국회와 특히 야당을 비난하면서 다음과 같이 추경 통과의 촉진을 요구하고 있다.

문재인 대통령은 5월 20일 청와대 수석보좌관 회의를 주재한 자리에서 "세계적인 경제 여건 악화에 대응하는 차원에서 우리 경제에 활력을 불어넣으려는 정부의 노력에 국회가 힘을 더해 주시기를 간곡히 부탁한다"라며 "추경이 실기하지 않고 제때 효과를 낼 수 있도록 조속한 심의와 처리를 요청한다"라고 말했다

윤종원 경제수석은 6월 9일 "정부는 경제 활력 회복에 정책의 최우선 순위를 둘 생각"이라며 "성장의 하방 위험이 커진 상황이라서 보다 적극적인 정책 대응이 필요하다"라고 했다. 그러면서 "성장 활력을 회복하려면 추가경정예산(추경)안의 신속한 통과가 절실하다"라며 "추경이 조기에 추진돼야 경기가 나아지고 일자리가 1만~2만 개 창출될 수 있는데, 추경이 안 되면 그런 기회를 놓

칠 것"이라고 했다.

이처럼 문 대통령과 윤 수석이 추경을 촉진하는 이유는 "추경예산을 사용하면 불황으로부터 경제를 회복할 수 있다는 믿음" 때문인 것 같다. 다시 말하면, 문 대통령이나 윤 수석은 조세를 거두어 그 돈으로 정부가 특정 부문에 지원하거나 혹은 직접 지출하면 경기가 회복된다는 믿음을 갖는 것 같다.

그런 믿음의 근거는 기본적으로 케인스의 오류에 입각하고 있다. 케인스는 1930년대의 대공황은 자본주의 시장경제의 내재적 결함인 유효수요 부족으로 발생하였으므로, 정부가 인위적으로 유효수요를 증가시킴으로써 경기회복을 통해 해결할 수 있다고 주장했다. 케인스의 주장에 따라 대다수 경제학자는 수요를 증가시키기 위해 정부지출을 증가시키는 재정정책을 시행해야 한다고 주장한다. 그들은 정부지출의 증가가 일국의 생산물에 대한 수요를 증가시켜 경기를 회복하면서 일자리를 창출한다고 주장한다. 물론 정부지출이 생산물에 대한 수요를 직접 창출하기도 하고, 정부가 지원한 부문 수혜자의 소득을 증가시켜 간접적으로 수요를 창출하기도 한다.

하지만 정부지출에 대한 재원이 민간 부문에서 조달된 세금으로 충당되면, 정부지출을 늘리는 재정정책이 민간 부문의 소비와 투자를 위축시키는 구축효과가 발생하므로 경기회복 및 일자리 창출 효과가 없다. 정부지출 확대를 위해 조세를 증가시키면 민간의 가처분소득[1]이 감소하고 기업의 이윤이 감소함으로써 소비와 투자가 감소한다.

1) 소득에서 세금을 뺀 소득으로써 민간이 자유롭게 사용할 수 있는 소득

한 가지 예를 들어 보면 다음과 같다. 공공부문이나 특정 민간 부문에 일자리를 창출하기 위해 정부가 지원하면 그 부분에서 실제로 일자리가 창출되고 구직한 사람의 소득이 증가하므로 수요를 증가시켜 경기회복과 새로운 고용 창출에 기여한다. 하지만 조세를 납부한 민간의 소득과 기업의 이윤이 감소하므로 소비와 투자가 감소하게 되어, 나머지 부문에서는 일자리가 줄어들거나 임금이 낮아져서 소득이 감소한다. 그 결과 수요가 위축되는 구축효과가 발생된다. 한편으로는 일자리 창출, 소득 증가, 그리고 수요 창출이 발생하지만, 다른 한편에서는 일자리 감소, 소득 감소, 그리고 수요 감소가 발생한다. 그 결과 고용의 증가, 소득의 증가, 그리고 수요의 증가를 통한 경기회복을 초래할 수 없다. 심지어 수축된 일자리가 증가된 일자리보다 가치가 크다. 왜냐하면 조세로 축소된 일자리는 조세가 없다면 시장에서 소비자들이 선호하는 재화를 생산하였기 때문이다. 그러므로 조세로 지원된 일자리 창출은 오히려 국민소득을 감소시키고, 경기회복은커녕 오히려 불황을 지연시키거나 더욱 악화시킨다.

그리고 어떤 기업을 지원하고 우대하는 것도 위와 같은 결론에 도달한다. 어떤 기업에 대한 지원, 즉 보조금 역시 조세로부터 나온 것이기 때문에 다른 민간 부문의 고용과 소득이 감소한다. 또한 그런 지원과 우대는 인위적으로 경쟁력을 높여주는 특혜이므로 다른 기업들의 판매 감축과 도산을 초래한다. 심지어 소비자들이 선호하는 재화를 생산하는 기업들의 판매 감축과 도산을 초래할 가능성이 높으므로 국민소득은 오히려 감소한다.

이처럼 조세로 조달한 재정정책은 한편으로는 일자리 창출, 소득 증가, 수요 창출을 초래하지만, 다른 한편에서는 일자리 감소, 소득 감소, 수요 감소를 초래한다. 그 결과 고용의 증가, 소득의 증가, 그리고 수요의 증가를 통한 경기회복을 초래할 수 없다.

그런데, 정책 시행 후부터 바로 나타나는 효과는 전자이다. 후자의 효과는 시간이 지나면서 나타나는 것이다. 따라서 우리는 착각하기 쉽다. 즉, 전자의 효과만 있는 것으로 생각하기 쉽다. 다시 말하면, 얻는 것은 당장 보이고 잃는 것은 당장 보이지 않으므로, 잃는 것이 없다고 착각하는 것이다. 심지어 잃는 것이 더 큰 것인데도 불구하고 말이다. 빛으로 드러난 것만 보고, 그림자에 가려진 것은 보지 못하고 있다.

더구나 정치인들과 관료들은 무엇인가 자신들이 잘하고 있다는 것을 국민에게 보여주려 한다. 따라서 그들은 나중에 국민이 겪게 되는 고통은 생각하지 않고 우선 눈에 띄는 과시적인 효과를 창출하는 정책을 선호한다. 그리고 뒤에 가서 문제가 생기면 그것의 원인은 자신들이 아니라 민간 부문의 사악한 기업들 또는 그 이전의 정부들 때문이라고 주장하면서, 문제를 해결한다는 미명으로 또다시 그와 유사한 정책들을 끊임없이 반복적으로 시도한다. 유일한 해결책은 정부가 시장간섭을 하지 않는 것이며, 나아가 노동조합을 비롯한 여러 이익집단이 시장에 간섭하지 못하도록 해야 하는 것이다.

우리는 모두 빛으로 드러난 것만 봐서는 안 된다. 그림자에 가려진 것도 볼 줄 아는 혜안을 가져야 한다. 즉, 기회비용적 사고가 꼭 필요하다. 이런 것을 알려주는 올바른 경제학이 필요하다.

CHAPTER 26

부자에 대한 세금부과가 서민에게 이득이 되는가?

우리는 흔히 부담 능력이 큰 부자들에게 세금을 많이 내도록 하기 위한 하나의 방법으로 부자들이 구입하는 명품 등에 대해 세금을 많이 부과한다. 그런데 이런 과세가 과연 그 목적을 달성할 수 있는가?

이를 파악하기 위해 명품에 대해 조세를 부과할 경우 어떤 상황이 전개되는지를 살펴보자. 먼저 정부는 어떤 방식으로 세금을 부과하는지 간략히 보자. 정부는 세금을 부과할 때 판매자 또는 생산자에게 부과할 수 있고, 소비자에게 부과할 수도 있다. 전자를 판매세라고 하며, 후자를 소비세라고 한다. 호텔 커피숍의 커피에 대한 세금이 전형적인 소비세이다. 메뉴를 보면 커피 한 잔에 7,000원이라고 적혀 있는데, 계산할 때 소비세 700원을 포함해 7,700원을 받는다. 반면 판매세를 부과하면 판매세 700원을 포함하여 메뉴에 가격을 7,700원이라고 적고, 계산할 때 7,700원을 받는다. 어느 경우에나 호텔이 세금을 제외하고 실질적으로 받는 가격은 7,000원으로 똑같고, 소비자가 실질적으로 지불하는 가격도 7,700원으로 어느 경우에나 똑같다. 일반적으로 가격이란 소비자가 지불하는 가격이다.

이제 명품에 대한 세금의 효과를 분석해 보자. 먼저 판매세를 부과하는 것으로 상정하여 분석해 보자. 판매세를 부과하면 판매자는 세금만큼 가격상승을 시도할 것이다. 그러나 가격상승은 조세만큼 일어나지 않는다. 조세만큼 가격이 상승하면 소비가 줄어들어 초과공급이 발생하고, 그것을 해소하는 과정에서 가격이 어느 정도 하락하기 때문이다. 물론 이 과정에서 소비는 다시 약간 늘어나지만 과세 이전에 비해 감소한다. 이처럼 조세를 부과하면, 가격은 조세만큼 상승하지 않지만, 판매량과 생산량이 줄어든다.

이번에는 소비세를 부과하는 경우를 살펴보자. 소비세를 부과하면 소비자는 소비세만큼 실질적으로 지불하는 가격이 상승하므로 소비를 감소시킨다. 그 결과 시장에서 초과공급이 발생하고 가격은 어느 정도 하락한다. 따라서 (소비자가 지불하는) 가격은 소비세만큼 상승하지 않는다. 물론 이 과정에서 소비는 다시 약간 늘어나지만, 과세 이전에 비해 감소한다. 이처럼 조세를 부과하면 (소비자가 지불하는) 가격은 조세만큼 상승하지 않지만, 판매량과 생산량이 줄어든다.

이상과 같이, 판매세를 부과하거나 소비세를 부과하거나 가격과 판매량 (및 생산량)에 미치는 효과는 똑같다. 그래서 정부는 판매세와 소비세 중 어느 편이 조세저항이 낮아서 세수 확보가 쉬운지를 고려하여 그 둘 중 하나를 택하는 것이다.

위의 결과를 토대로 하여, 명품에 대해 세금을 부과할 경우, 명품소비자인 부자와 명품 생산업체 및 근로자들은 어떤 영향을 받는지를 분석해 보자. 첫째, 가격이 세금만큼 상승하지 않고, 판매량과 생산량이 줄어들기 때문에 기업의 수익성이 악화한다. 둘째, 기업 수익성의 악화로 근로자들의 임금이 하락하고, 일부 근로자는 해고당하게 된다.

따라서 명품에 과세하면 부자들로부터 세금을 징수하므로 일견 부담 능력이 큰 부자들에게 세금을 많이 내도록 한다는 목적은 달성되는 것처럼 보이지만, 다른 한편으로는 그들에 비해 소득이 낮은 생산업체와 그 업체의 근로자들이 피해를 보기 때문에 그 목적이 달성되는 것이 아니다.

또 다른 사례를 보자. 어떤 정당은 국민 99%를 위해 1%를 희생해야 한다는 명목으로 부자들에게 과세하기 위해 법인세를 상향해야 한다고 주장한다. 그 효과를 검토해 보자. 법인세를 높이면, 이윤이 감소하고, 주주의 배당금뿐 아니라 투자를 위해 기업 내에 두는 사내유보이윤도 감소한다. 사내유보이윤이 감소하면, 기업의 투자가 감소하여 고용이 감소하거나 고용 증가가 완만해진다. 그 결과 실업이 증가하거나 고용 창출이 둔해진다. 그러면 누가 피해를 보는가? 오히려 바로 서민들이 피해를 본다.

이에 대해 이런 반박이 있다. 기업들은 사내유보이윤을 적립만 하고 투자에 이용하지 않고 있으므로 차라리 이윤 및 사내유보이윤을 조세로 거둬 경기부양에 사용하는 것이 더 낫다. 25강에서 본 것처럼, 조세로 조달한 재정정책은 효과가 없고, 오히려 문제점이 많다.

기업들은 왜 투자하지 않을까? 그들은 항상 돈을 벌기 위해 혈안이 되어 있는데! 그것은 현재 여건에서 투자하면 큰 손실을 볼 것이기 때문이다. 여러분이 이런 상황이라면 투자할 것인가?

투자 여건을 악화시킨 원인이 문제이다. 그 원인으로 불황을 초래할 수밖에 없는 그릇된 정부의 경기부양책과 노조를 비롯한 이익집단의 간섭 등이 있다. 잘못된 경기부양책이란 통화량 증가에 의한 비정상적인 호황(즉, 붐)의 조성이다. 이런 비정상적인 붐은 결국 붕괴함으로 불황을 초래한다.[1] 따라서 투자하지 않은 기업을 탓할 것이 아니라 투자 여건을 악화시킨 정부와 노조 등 이익집단을 탓해야 하며, 정부와 노조 등 이익집단은 투자 여건을 악화하는 그런 행동을 하지 않아야 한다.

이상과 같이, 단편적인 사고에 의존하여 정책을 시행할 경우, 우선은 다수 국민으로부터 호응을 얻을 수 있을지 모르지만, 결국 그 정책은 다수 국민에게 피해를 주는 선동적인 정책 제안이다. 정당이나 정치인 혹은 정부가 그런 정책을 시행하지 않도록 하기 위해서는 국민이 올바른 경제적 효과를 잘 알아야 한다. 국민이 그런 정책이 오히려 자신에게 피해를 주는 정책이라 올바르게 인식하면, 그런 정책을 시행하는 정당이나 정치인 혹은 정부를 지지하지 않을 것이기 때문이다.

한편 위에서 본 것처럼 명품에 대해 세금을 부과할 경우, 소비자와 판매자(또는 생산자) 둘 다 조세를 부담한다. 이처럼 조세를

1) 이런 주장을 하는 학파가 오스트리아학파이다. 관심 있는 독자는 인터넷 등을 통해 오스트리아학파 경기변동이론을 참조하시오.

당사자가 다 부담하지 않고 타인에게 그 부담의 일부 혹은 전부가 이전되는 것을 조세의 전가(tax shifting)라 한다. 그리고 소비자와 판매자(또는 생산자)가 조세를 각각 부담하는 몫을 조세의 귀착(tax incidence)이라 한다.

CHAPTER 27

나대지에 세금을 부과해야 하는가?

우리는 보통 나대지에 대해 부정적인 견해를 갖고 있다. 나대지를 이용하면 우리 인간에게 농작물이나 주택 등 재화를 제공할 수 있기 때문이다. 따라서 나대지를 이용하도록 나대지세를 부과하고 있다.

또한 나대지가 발생하는 중요한 이유가 투기 때문이라고 주장한다. 투기꾼들이 투기적 매매를 촉진하기 위해 토지를 이용하지 않고 나대지로 둔다는 것이다. 만약 기존 소유자가 임대를 주면, 새로운 매입자가 사용하려고 할 때, 기존의 임차인이 그 이전의 소유자와 계약한 대로 임대보증금과 파종한 농작물에 대한 피해보상금을 받고 토지이용을 포기해야 되는데 포기하지 않고 이용을 방해하는 경우가 허다하게 발생하여 매매를 불가능하게 만들기 때문이다. 따라서 투기꾼들은 임대를 하기보다는 나대지로 둔다. 그러므로 투기를 억제하고 토지이용을 위해 나대지에 세금을 부과한다.

22강에서 살펴 본 것처럼, 투기는 중요한 경제적 역할을 한다. 따라서 투기를 억제하기 위해 나대지에 세금을 부과하는 것은 옳지 않다. 그러나 투기꾼 때문에 나대지가 발생한다는 점은 고찰할 필요가 있다.

만약 투기꾼이 토지를 소유하지 않고 실수요자가 소유할 경우, 그 토지가 나대지가 되지 않고 이용될 수 있다면, 투기꾼의 소유로 토지이용에 문제가 발생하기 때문이다. 그러나 투기꾼이 보유하는 토지를 나대지로 두는 이유는 위에서 언급한 것처럼 임차인이 계약대로 시행하지 않기 때문이다. 이렇게 임차인이 계약의 이행을 늦추거나 불이행하는 것은 그에 따른 처벌이 신속히 이루어지지 않기 때문이다. 따라서 투기꾼이 소유한 토지가 나대지로 있는 이유는 투기꾼 때문이라기보다는 계약불이행에 대한 행정적·사법적 조치가 신속히 이루어지지 않기 때문이다. 그러므로 임차인이 계약대로 시행하지 않을 때 그에 따른 처벌(즉, 집행과 보상)이 빨리 이루어지도록 행정적·사법적 조치가 이루어진다면 투기꾼이 보유한 토지에서 나대지가 발생하지 않을 것이다. 문제는 투기꾼이 아니라 정부이다.

한편 계약 불이행에 따른 처벌이 신속하게 이루어지더라도 시장경제에서는 나대지가 발생할 수 있다. 토지가 이용되기 위해서는 토지 이외의 다른 요소가 필요하다. 농작물을 키우기 위해서는 노동, 경운기 등 농기계, 씨앗 등이 필요하다. 주택 등 건물을 짓기 위해서는 자재와 노동 등이 필요하다. 나대지를 이용하기 위해서 다른 요소들을 이용한다면 우리는 무엇인가를 포기해야 한다. 즉,

노동, 자재, 기계 등 다른 요소들이 다른 곳에 이용된다면 생산될 재화를 포기해야 한다. 예를 들면, 나대지세를 부과함으로써 도시 외곽의 나대지에 주택이 건설된다면 여기에 사용되는 자재와 노동으로 생산이 될 재화가 희생되는 것이다. 우리는 한 면만 봐서는 안 되고 다른 면도 동시에 보아야 한다.

그러면 세금부과 이전에 나대지였던 토지에 세금부과로 주택이 건축됨으로써 얻는 가치와 이에 따라 포기된 재화의 가치를 비교해볼 필요가 있다. 어느 것이 가치가 클까? 그에 대한 답은 세금부과 이전에 이 토지가 왜 나대지였던가를 검토함으로써 알 수 있다.

경제원리에 따르면 나대지가 되는 이유는 다음과 같다. 토지 소유자는 그 토지를 이용함으로써 얻는 가치(즉, 수입)가 (기회)비용을 초과하면 그 토지를 이용한다. 반대이면 그 토지를 이용하지 않는다. 나대지가 되는 이유는 수입보다 (기회)비용이 크기 때문이다. (기회)비용은 포기한 가치를 나타낸다. 즉, (기회)비용은 그 토지이용에 사용된 노동과 기타 자원들이 다른 것을 생산하였더라면 얻을 수 있는 가치이다. 따라서 나대지가 되는 것을 사회적으로 평가하면 그 토지이용으로 얻는 가치가 포기한 가치보다 작다는 것을 의미한다. 그러므로 나대지로 그냥 두는 것이 그 사회의 자원을 효율적으로(즉, 가치 있게) 사용하는 것이다. 오히려 나대지세를 부과하여 나대지를 이용하게 하는 것은 사회적으로 자원을 비효율적으로 사용하게 하는 것이다.

우리는 자원이 희소하므로 항상 효율적으로 사용하기 위해서는 편익뿐만 아니라 비용을 반드시 고려해야 한다. 어떤 경제학자도

이 점을 부인하지 않는다. 그런데도 토지경제학자 중 일부는 토지이용에만 초점을 둠으로써 편익만 고려하고 비용을 고려하지 않고, 나대지로 두는 것이 비효율적이라고 주장한다. 이런 주장을 토대로 정부도 나대지세를 부과하고 있다. 눈에 보이는 효과만 고려하고 보이지 않는 부정적인 효과를 고려하지 않고 있다.

자원의 용도는 다양하므로 자원을 어떤 용도에 사용함으로써 항상 포기되는 것이 있다는 점을 명심하고, 한 면만 봐서는 안 되고 다른 면도 동시에 보아야 한다. 시장에 맡겨두면 일반적으로 편익과 비용이 동시에 잘 고려된다.

CHAPTER 28

SSM법으로 누가 피해를 보는가?

정부는 영세업자를 보호하고 경쟁을 유지한다는 미명 아래 대기업의 진입을 규제하는 것을 볼 수 있다. 대기업이 진입하면 경쟁력인 낮은 영세기업들이 도태되고 대기업들이 독점적 지위를 획득하게 된다는 것이다. 그래서 현재 우리나라는 영세업자를 보호하기 위해 대기업의 진입을 규제하는 SSM(Super SuperMarket) 법이 제정되어 적용되고 있다.

SSM법은 대기업과 중소기업의 동반성장과 건전한 상거래 질서를 세움으로써 소비자를 보호하고 국민경제의 발전에 이바지함을 목적으로, 2010년 11월 10일 개정된 유통산업발전법과 대·중소기업 상생협력 촉진에 관한 법률을 통칭하는 말이다.

과연 위의 주장처럼 대기업이 영세업체를 도태시키는가? 대기업이 진입함으로써 영세기업들이 많이 도태되는 것을 우리는 흔히 본다. 이런 현상만을 보면 그런 주장이 맞는 것처럼 보인다. 하지만 그들이 도태되는 이유를 탐색해보면 그런 주장이 맞지 않다는 것을 알 수 있다. 어느 기업이 도태되는 이유는 손실을 보기 때문이고, 그 수입이 비용보다 낮기 때문이고, 그 이유는 일반적으로 수입이 하락하기 때문이다. 수입이 하락하는 이유는 소비자들이 그 제품을 구입하지 않거나 줄이기 때문이다. 이처럼 영세기업이 도태되는 것은 대기업이 진입하기 때문이라기보다는 소비자들이 영세기업 제품보다 대기업제품을 선호하기 때문이다.

소비자들이 대기업 제품을 선호하는 이유는 가격이 낮거나 품질이 좋기 때문이다. 소비자들이 질이 낮거나 가격이 비싼 영세업체 상품을 구입한다면 영세업체가 도산되지 않는다. 대기업 제품의 가격이 낮거나 품질이 좋은 이유는 생산비용이 낮거나 기술이 우수하기 때문이다.

이상으로부터 우리는 다음과 같은 결론을 내릴 수 있다.

첫째, 영세업자들이 도태된 것은 대기업의 진입으로 인한 것이 아니라 소비자들이 그들을 도태시킨 것이다. 영세업체가 도태되는 것에 대해 비난하려면 그 대상자는 대기업이 아니라 바로 우리 자신인 소비자이다.

둘째, 대기업의 진입을 규제하는 것은 소비자의 선호를 침해하는 것이다. 소비자들이 선호하는 가격이 낮거나 품질이 우수한 대기업의 제품을 구입할 수 없기 때문이다.

셋째, 대기업의 진입규제는 경쟁력이 낮은 비효율적인 기업들, 즉 비용이 많이 들거나 기술이 열등한 기업들을 보호하는 것이다. 다시 말하면 경쟁을 보호하는 것이 아니라 비효율적인 경쟁자를 보호하는 것이다.

물론 영세업자들이 도태되면 그들이 삶의 터전을 잃게 되므로 보호해야 한다고 주장할 수도 있다. 그러나 그로 인한 피해자는 소비자들이다. 그들을 보호해야 할 것인지의 결정은 소비자들이 해야 할 것이다. 소비자들이 동의하여 그런 결정이 이루어진다면 문제가 될 수 없다. 그러나 소비자의 의견은 무시된 채, 비효율적인 생산자와 정부 간 합의로 그런 규제가 이루어진다는 점은 문제가 있다.

그런 규제가 없더라도 소비자가 영세업체를 도우려면 가격이 높거나 품질이 떨어지는 영세업체의 제품을 구입하면 된다. 그러나 소비자들이 그렇게 행동하지 않는 것은 소비자들이 그들의 제품을 원하지 않는다는 것이다. 우리 자신인 소비자들을 비난할 것인가? 영세업자들도 생산자인 동시에 소비자이다. 그들도 다른 물건을 구입할 때 양질의 제품이나 저렴한 가격으로 구입하는 것을 원하지 않는가? 생산자일 때와 소비자일 때의 행동이 다르다면 이율배반적이지 않은가? 남이 하면 불륜이고 자기가 하면 로맨스인가?

그러므로 대기업의 진입을 억제하는 법(예를 들면, SSM법 등)을 제정하는 것은 소비자의 선호를 침해하는 것이다. 이런 점에서 그런 법을 제정할지는 소비자가 결정할 권리인 것으로 생각된다. 더구나 소비자가 그들을 도와주고 싶다면 그런 법의 제정이 아니라 소비자가 가격이 높거나 품질이 떨어지는 영세업체 제품을 구입하면 되는 것이 아닌가!

삶의 터전을 잃는다는 주장을 검토해 보자. 이런 주장의 토대에는 시장에서의 경쟁이 마치 동물 세계의 경쟁처럼 적자생존의 법칙이 적용되고 있다고 간주하기 때문이다. 시장의 경쟁은 선별과정이지 도태과정이 아니다.

시장 경쟁은 사회분업체계에서 자신들이 잘할 수 있는 위치를 찾아가게 하는 장치이다. 어떤 분야에서 도태되었다고 다른 분야에서도 도태되는 것은 아니다. 효율적인 생산자는 저렴한 상품이나 양질의 상품을 제공하는 자이다. 경쟁 과정에서 소비자들은 저렴한 상품이나 양질의 상품을 제공하는 자를 선호하므로 효율적인 생산자는 그 분야에서 살아남고 비효율적인 생산자는 도태된다.

하지만 동물 세계의 경쟁과 달리 완전히 도태되는 것이 아니라 보다 효율적인 위치로 찾아가도록 한다. 왜냐하면, 시장경제는 11강에서 본 것처럼 '비교우위의 원리'에 입각하여 자급자족이 아니라 상품생산이 지배적인 분업구조이기 때문이다. 시장에서 자유로운 경쟁을 통해서 소비자들이 각 생산자의 분업 위치를 지휘하게 된다. 어떤 분야에서 소비자들의 구매를 통해서 이득을 보는 생산자, 즉 효율적인 생산자는 그 분야에서 생산하고, 그 분야가 분업구조에서 자신의 위치이다. 도태된 생산자는 효율적인 기업의 근로자가 되거나 다른 분야에 도전하여 살아남는다면 그 새로운 분야가 자신의 위치가 된다. 그곳에서도 도태된다면 또 다른 분야에 도전한다. 이처럼 시장과정의 경쟁을 통해서 자신들을 위치를 찾아간다.

우리 인간들은 제각기 다른 능력을 타고난다. 심지어 쌍둥이조차도 그 능력이 다르다. 또한 전 세계에 걸쳐 자연 자원도 불균등하게 분포되어 있다. 그 결과 자원을 이용할 기회가 인간마다 다르다. 이런 연유로 우리 대부분은 어떤 특정 분야에 뛰어난 생산능력을 가지고 있다고 할 수 있다. 그래서 특정 상품에 대해 생산은 다음과 같이 이루어진다. 그 상품에 대해 가장 효율적인 생산자가 가장 먼저 생산과정에 투입되고 수요가 증가함에 따라 그다음 효율적인 생산자가 투입된다. 수요가 증가함에 따라 한 생산자가 그 수요를 모두 감당할 수 없다. 왜냐하면, 생산 규모가 늘어나면 어느 정도 이후에는 평균비용이 증가하기 때문이다. 그 결과 특정 분야에서는 그 부문에 뛰어난 능력을 가진 자들끼리 경쟁을 한다. 프로야구 선수는 능력이 뛰어난 선수들 중에서 선발된다. 선발되지 못한 선수들은 심판이나 아마야구 코치로서 야구계에 종사하게 되거나 전혀 다른 분야에 종사하게 된다. 다른 분야에서 그들의 또 다른 능력을 발휘할 수 있기 때문이다. 이처럼 자유시장 체제에서는 시장과정의 경쟁을 통해서 자신들의 위치를 찾아가게 되는 것이다.

하지만 모든 부문에 효율적인 자나 비효율적인 자들이 존재하게 되면 비효율적인 자들은 동물세계와 같이 도태되어 분업체제가 유지되는 것이 아니지 않는가라는 의문이 발생할 수 있다. 이런 의문에 대한 답변이 리카도에 의해 제시된 비교우위 원리이다. 11강에서 본 것처럼, 리카도의 비교우위 원리는 다음과 같이 요약할 수 있다. 모든 부문의 효율적인 자도 모든 부문의 비효율적인 자와 협력을 하면 자신이 모든 부문을 생산할 때보다 더 나은 결과를 초래한다. 그러므로 이 원리에 입각하면 모든 부문의 비효율적인 자도 도태되지는 않는다.

우리 인간들은 다양하게 태어난다. 어떤 사람은 사업을 잘하고,

어떤 사람은 농사를 잘 짓고, 어떤 사람은 공부를 잘하고, 어떤 사람은 음악과 미술 등 예능에 뛰어나고, 어떤 사람은 운동을 잘한다. 그러므로 우리들 대부분은 각자 한 가지의 특기, 즉 절대우위를 지닌 비교우위를 지니고 있다. 또한 소비자들의 선호도 다양하다. 같은 국수라도 어떤 사람은 면발이 꼬들꼬들한 것을 좋아하고 어떤 사람은 부드러운 것을 좋아하고, 매운 것을 좋아하는 사람도 있고, 신 것을 좋아하는 사람도 있다. 매일 밥만 먹는 것도 아니다. 따라서 누구든지 고객들의 선호에 맞추어 자신들의 특기를 발휘할 수가 있다. 물론 절대열위를 지닌 비교우위자도 있다. 절대우위를 지닌 비교우위자가 그들과 협력을 요청한다. 그러므로 자유시장경제에서는 영세업체를 비롯한 비효율적인 자가 도태되어 삶의 터전을 잃는 것이 아니다.

그러나 현실에서는 다른 부문으로 진입과 전직이 원활한 것이 아니어서 만성적인 실업이 얼마나 많지 않으냐고 반문할 수 있다. 하지만 21강에서 본 것처럼 진입 및 전직의 어려움과 그에 따른 만성적인 실업의 존재는 시장경제의 고유한 특성이 아니다. 그 원인은 현재 시행되고 있는 정부의 규제와 노조의 정책에 있다. 시장경제에서는 진입과 전직의 길이 항상 열려 있고, 자발적 실업만 존재하고 비자발적 실업은 일시적으로 존재할 뿐 만성적으로 존재하지 않는다.

CHAPTER 29

자격증 및 면허제는 왜 시행하는가?

일반적으로 독점권의 부여는 공급 감소와 가격상승 등 비효율성을 초래하므로 허용하지 않거나 규제한다. 하지만 정부는 오히려 효율성 증진을 위해 독점을 허용하는 경우가 있다. 자격증 및 면허제, 특허권과 지식재산권 등이 있다.

자격증 및 면허제를 시행하는 이유는 소비자에게 양질의 서비스를 제공하기 위한 것이다. 우리는 '돌팔이'를 없애야 한다고 흔히 말한다. 돌팔이는 무자격자를 의미하고, 이것은 구체적으로 어떤 부문에서 소비자들이 원하는 질적 수준에 미달한 사람을 의미한다. 따라서 소비자들에게 그런 양질의 서비스를 제공한다는 목적으로 정부가 면허제를 시행한다. 변호사와 판·검사 같은 법조인이 되는 자격을 부여하거나, 의사나 약사 같은 의료인이 되는 자격을 부여하는 등 여러 가지 자격증이 여기에 해당한다. 면허제는 실질적으로 정부가 부여하는 진입장벽으로 독점이다.

면허제는 일견 양질의 서비스를 제공하도록 함으로써 소비자의 선호를 충족시키는 것으로 보인다. 이런 면허제가 원래의 목적을 달성시키는 것인지를 살펴보자.

일전에 로스쿨의 정원에 대해 각 대학은 적어도 3,000명이 되어야 한다고 주장하는 반면, 법조인들은 1,000명으로 제한해야 한다고 주장했다. 법조인들이 그런 주장을 하는 이유를 보면, 법조인이 너무 많으면 저질의 변호사들이 나타나게 되어 고객들에게 양질의 변호 서비스를 제공하지 못한다는 것이다. 그뿐만 아니라 심지어 다급한 피의자들을 현혹해 높은 수임료만 챙기고 기대한 성과를 발휘할 수 없는 사기꾼 같은 변호사들이 등장한다는 것이다.

그러나 양질의 법조인을 배출하는 것과 법조인의 수와는 밀접한 관계가 없다. 양질의 법조인을 배출하기 위해서는 그에 해당하는 자질을 가진 사람들만 선발하면 될 것이다. 예를 들면 예년과 같은 난이도에서 기준점수를 획득하는 자들만 선발하면 될 것이다. 그럴 때 배출되는 법조인이 늘어날 수도 있고 감소할 수도 있다.

실제로 그들이 우려하는 것은 배출되는 법조인의 수가 증가할 때 그들의 소득이 줄어들 가능성이 있기 때문이다. 법조인이 늘어나면 변호사가 필요한 시민들은 전에 비해 더 낮은 수임료로 양질의 서비스를 받을 수 있다. 기득권자인 기존의 법조인들은 진입장벽으로 독점이득을 계속 누리려고 하는 것이다. 만약 정부가 법조인들의 요구대로 배출되는 법조인의 수를 제약한다면 소비자의 선호를 무시하는 진입장벽을 설정하는 것이다. 법조인의 수는 그들이 정하는 것이 아니라 소비자의 선호에 부합하도록 결정되어야 할 것이다.

심지어 최근에 배출된 어느 법조인들이 6급 공무원으로 진출하는 것을 두고 법조인의 명예를 실추하는 행동으로 비난하며, 정부에 법조인을 채용할 경우 최소한 그보다 더 높은 직급을 부여해야 한다는 식으로 압박하고 있다. 왜 법조인들에게 어느 정도 이상의 직급이 부여되어야 하는가? 자유민주주의 및 자유시장경제 시대에 그들은 아직도 전근대적인 계급의식을 버리지 못하고 있는 것 같다. 그들의 부와 명예를 결정하는 것은 그들 자신이 아니라 소비자, 즉 국민이라는 것을 모르는 것일까? 알면서도 권력으로써 억압하려는 것인가?

의사들도 마찬가지다. 최근 정부가 국민이 의사가 부족하다는 여론에 근거해 의대 정원을 2,000명 증가하겠다고 발표했다. 이에 다수의 의사와 의대생들이 반발하고 있다. 이들도 법조인처럼 의사가 너무 많으면 저질의 의사들이 나타나게 되어 고객들에게 양질의 의료 서비스를 제공하지 못한다는 것이다. 그뿐만 아니라 심지어 다급한 환자들을 현혹해 높은 진료비만 챙기고 기대한 성과를 발휘할 수 없는 돌팔이 같은 의사들이 등장한다는 것이다.

그러나 양질의 의사를 배출하는 것과 의사의 수와는 밀접한 관계가 없다. 양질의 의사를 배출하기 위해서는 그에 해당하는 자질을 가진 사람들만 선발하면 될 것이다. 예를 들면 예년과 같은 난이도에서 기준점수를 획득하는 자들만 선발하면 될 것이다. 그럴 때 배출되는 의사는 늘어날 수도 있고 감소할 수도 있다.

실제로 그들이 우려하는 것은 배출되는 의사의 수가 증가할 때 그들의 소득이 줄어들 가능성이 있기 때문이다. 의사가 늘어나면 환자들은 전에 비해 더 낮은 진료비로 양질의 서비스를 받을 수 있다. 기득권자인 기존의 의사들은 진입장벽으로 독점이득을 계속 누리려고 하는 것이다. 만약 정부가 의사들의 요구대로 배출되는 의사의 수를 제약한다면 소비자의 선호를 무시하는 진입장벽을 설정하는 것이다. 의사의 수는 그들이 정하는 것이 아니라 소비자의 선호에 부합하도록 결정되어야 할 것이다.

물론 의협은 산부인과, 소아청소년과, 흉부외과, 응급의학과 등 현재 의사의 수가 매우 부족한 진료과와 사립대 병원, 지방의료원, 특수목적 공공병원, 국립대 병원, 민간 중소병원 등 의료기관에 의사를 충원해야 한다는 점에 동의한다. 하지만 단순히 2,000명의 정원 증원으로써 부족한 진료과나 의료기관에 의사가 충당되기보다는 인기 있는 진료과나 의료기관에 더 많이 진출할 것이라고 주장한다. 왜냐하면, 의사 이직 원인과 의사 구인난 이유로는 지리적 위치와 생활 여건, 열악한 근무조건과 처우, 전망 부재 등이기 때문이라고 주장한다.

그런 주장도 일견 일리가 있다. 하지만 국민이 체감하는 상황은 그렇지 않다. 의사들이 거의 모든 진료 부문에 부족하다는 것이다. 진료 및 수술의 대기시간이 매우 길다고 느낀다. 따라서 의사들은 의사의 입장에서 판단해야 할 것이 아니라, 국민의 선호에 부응하여 의대 정원 증가에 찬성해야 한다. 물론 매우 부족한 진료 부문과 의료기관으로 다수 의사가 지원하도록 지리적 위치, 열악한 근무조건과 처우 등의 문제점이 개선되어야 한다. 의협은 의대 정원 증가에 반대할 것이 아니라, 그 문제점이 개선되도록 정부에 요구해야 할 것이다.

이상에서 본 바와 같이 현행 시행되고 있는 면허제 중 다수가 양질의 서비스 제공이라는 원래의 의도를 충족시키지 못하고 있다. 물론 현행대로 시행되면 양질의 서비스는 제공될 것이다. 하지만 양질의 서비스에 대해 높은 가격을 지출해야 하거나 진료와 수술받기 힘든 상황을 감수해야 한다. 소비자들은 양질의 서비스를 저렴한 가격과 짧은 대기시간으로 제공받을 수 있다면 이것을 더 선호한다. 따라서 소비자가 선호하는 양질의 서비스를 저렴한 가격으로 제공받을 수 있도록 면허제를 개선하여 시행하여야 할 것이다.

그러므로 소비자의 선호를 충족하는 효과를 달성하기 위해서는 면허제는 자질을 갖춘 사람을 선발하는 데 초점을 두고 운영되어야 할 것이다. 기득권의 이득을 위하여 면허수의 제한이 허용되어서는 안 될 것이다. 만약 대다수 국민이 양질의 서비스를 저렴한 가격으로 제공받는 것뿐만 아니라 저질의 서비스를 보다 저렴한 가격으로도 제공받기를 원한다면 면허제를 시행하지 않아야 할 것이다. 면허제로 그런 기회가 사라지기 때문이다, 물론 대다수 국민은 그것을 원하지 않을 것이다.

CHAPTER **30**

중개인과 상인은 왜 존재하는가?

중개인이란 거래당사자를 연결하여 거래가 성사되도록 하는 사람들이다. 정부가 거래하기 위해서는 반드시 중개인을 통해야 한다고 법으로 규정한 것이 아닌데도 불구하고 우리는 거래를 위해 중개인을 찾는다. 그 이유는 무엇인가?

중개인을 통해 거래하는 것이 중개인을 통하지 않고 당사자 간 직접거래를 하는 것보다 이득이 존재하기 때문이다. 직접 거래할 경우. 발생하는 문제는 다음과 같다. 만약 우리가 아파트를 구매하려고 한다면 아파트 가가호호를 다니면서 물어보아야 하고, 만약 팔 사람을 찾았다고 하더라도 그 사람이 어느 정도 신용이 있는지, 그리고 계약이 성사되더라도 계속 유효하게 지속될 수 있는지, 등기소에 가서 또 다른 사람과 이중계약을 해서 다른 사람이 먼저 등기이전을 하지는 않았는지 등의 감시·감독을 스스로 해야 한다. 마찬가지로 팔려는 사람도 유사한 행위와 걱정을 할 것이다.

이처럼 직접거래를 할 경우, 위와 같은 거래비용이 소요된다. 그러나 중개인을 통하게 되면 거래비용이 상당히 절감하게 된다. 거래비용을 절감할 수 있는 이유는 중개인들이 매매 물건에 대한 정보수집에 있어서 전문성과 규모의 경제를 통해 낮은 비용으로 획득할 수 있기 때문이다. 이처럼 중개인을 통하면 우리가 직접 거래하는 것보다 낮은 거래비용이 소요되기 때문에 우리 스스로 중개인에게 수수료를 지출하면서 중개인을 찾아가는 것이다. 따라서 중개인은 거래비용을 절감시키므로 그들이 존재한다.

이처럼 중개인들은 거래비용을 절감시키는 '생산적인' 경제활동을 수행하면서 경제적으로 기여하고 있다. 우리는 단순히 제조업자(공장 사장)만이 생산적이라는 편견에서 벗어나야 한다. 제조업자가 원료를 가지고 완제품을 만들어 부가가치를 창출하기 때문에 생산적인 것처럼 중개인들도 부가가치를 창출하기 때문에 생산적이다. 중개인들은 누가 가장 값싸게 판매하려는지, 누가 가장 값비싸게 구매하려고 하는지에 대한 정보를 수집해서 상품을 가장 싸게 공급하려는 생산자로부터 가장 비싸게 구입하려는 소비자에게 이동시킴으로써 해당 상품의 가치를 높여 부가가치를 증대시킨다. 따라서 우리는 중개인이 비생산적이라는 사고로부터 탈피하여야 한다. 그들이 존재하기 때문에 교환이 성사되거나 촉진된다.

상인들도 중개인의 한 부류로 볼 수 있다. 보통 중개인은 거래당사자(공급자와 수요자)를 직접 연결만 시켜준다. 그러나 상인은 생산자로부터 상품을 구입하여 소비자에게 판매하는 방식으로 생산자와 소비자를 연결한다. 즉, 상인은 공급자와 수요자를 간접적으로 연결한다. 이런 점에서 상인들도 중개인의 한 부류로 볼 수 있다.

상인들도 중개인과 마찬가지로 거래비용을 절감시켜 준다. 만약 상인이 없으면 소비자는 직접 생산지에 가서 물건을 구입해야 하고 생산자도 직접 소비자에게 판매해야 한다. 따라서 상인들이 없다면 생산자나 소비자는 높은 거래비용을 부담하게 된다. 상인들이 거래비용을 절감시킬 수 있는 이유는 다음과 같다.

첫째, 중간상인들은 생산지에서 소비지로 수송하는데 규모의 경제를 가지고 있기 때문이다. 개별 생산자는 한 번에 적은 양을 이동시키므로 단위 수송비가 많이 들지만, 중개상인들은 많은 양을 이동시키므로 단위 수송비가 적다.

둘째, 소매상인들은 지정된 장소에서 상시로 판매하므로 소비자가 원하는 시기에 구입할 수 있는 편리를 제공하고, 하자가 있을 때 즉시 또는 단기에 반품 및 교환할 수 있는 편리성도 제공하기 때문이다. 이처럼 상인들도 거래비용을 절감시키고 있다. 따라서 소비자와 생산자는 상인을 통하면 직접거래보다 더 많은 이득을 누릴 수 있으므로 우리 스스로가 상인을 찾아간다. 만약 그들이 이런 역할을 하지 않는다면 우리는 그들을 찾지 않을 것이고 이 세상에는 상인이 존재하지 않을 것이다.

우리는 가끔 매스컴에서 중간상인의 농간 혹은 착취 등의 타이틀로 보도되는 뉴스를 접할 수가 있다. 그러나 위에서 본 바와 같이 중간상인은 소비자나 생산자를 착취하지 않고 그들에게 오히려 이득을 주었다. 그러면 문제는 무엇인가? 중간상인들 간에 경쟁이

제한되는 독점적 요소가 존재하는 경우, 중간상인이 농간이나 착취할 수 있다. 이런 경우 중간상인은 독점력을 이용하여 생산자에게 낮은 가격으로 매입하고 소매상에게 높은 가격을 부여할 수 있기 때문이다. 중간상인이 독점력을 가지는 이유는 정부가 특정 중간상인에게 전매권이라는 진입장벽을 부여하기 때문이다.

중개인은 거래 과정에서 발생하는 위험부담 여부에 따라 브로커(broker)와 딜러(dealer)로 구분된다. 브로커는 단지 중개만 하고 수수료를 받는 사람이다. 이에 비해 딜러는 중개 과정에 상품을 소유하는 사람이다. 따라서 브로커는 상품을 소유하지 않으므로 상품 가치 변동에 따른 위험을 부담하지 않지만, 딜러는 상품을 소유함으로 그런 위험을 부담한다. 브로커의 예로 부동산 중개인 농·수산물 경매시장에서 중개역할을 맡고 있는 경매인, 증권회사의 주식 위탁매매, 펀드 판매 등을 들 수 있다. 딜러의 예로 상품유통 과정에서 제조사로부터 상품을 매입하여 최종 소비자에게 재판매하는 소매업자나 판매업자 등 상인을 들 수 있다. 부동산 중개인 중 급매물을 자신이 직접 구입한 후에 부동산을 찾는 수요자에게 자신의 물건을 파는 사람은 브로커 겸 딜러이다.

이상에서 본 바와 같이, 중개인과 상인은 거래비용을 절감시키므로 그들이 존재한다.

CHAPTER 31

인플레이션의 진정한 원인은 무엇인가?

현재 심각한 인플레이션 현상의 원인에 대해 ① 통화량 증가 ② 러시아-우크라이나 전쟁으로 인한 에너지, 원자재, 식량 등의 가격상승, ③ 코로나로 인한 공급망 및 유통망 붕괴에 의한 공급 감소, ④ 위드 코로나로 인한 수요 증가 등을 제시하고 있다.

일견 보면 4가지가 모두 인플레이션의 원인처럼 보인다. 하지만 통화량 증가를 제외한 나머지는 인플레이션의 진정한 원인이 아니다.

러시아-우크라이나 전쟁으로 인한 에너지, 원자재, 식량 등의 가격상승은 일시적인 인플레이션을 발생시킬 수 있으나 지속적인 인플레이션을 발생시키지 않는다. 만약 통화량이 일정할 때, 에너지, 원자재, 식량 관련 재화의 가격이 상승하면 다른 재화의 가격은 조만간 하락하게 된다. 왜냐하면, 에너지, 원자재, 식량 관련 재화의 수요는 비탄력적이고, 이런 재화의 가격이 상승하면 수요량은 감소하더라도 지출은 증가하며, 그 결과 통화량이 일정하므로 다른 재화의 지출 및 수요는 감소하여 다른 재화의 가격은 하락하게 된다. 따라서 통화량이 일정하다면, 에너지, 원자재, 식량 등의 가격상승은 일시적인 인플레이션을 발생시킬 수 있으나 지속적인 인플레이션을 발생시키지 않는다. 에너지, 원자재, 식량 등의 가격 상승이 있을 때 지속적인 인플레이션을 발생하려면, 다른 재화의 지출 및 수요를 증가시키는 통화량 증가가 뒷받침되어야 한다.

코로나로 인한 공급망 및 유통망 붕괴에 의한 공급 감소도 인플레이션을 발생시키지는 않는다. 코로나로 인해 공급망 및 유통망이 붕괴한 부문도 있지만, 코로나로 인해 오히려 수요가 증가하여 공급망 및 유통망이 증대된 부문도 있다. 따라서 코로나로 인해 전반적으로 공급망 및 유통망이 감소한다는 결론을 내릴 수 없으므로, 코로나로 인한 공급망 및 유통망 붕괴에 의한 공급 감소가 인플레이션의 원인이 될 수 없다.

위드 코로나로 인한 수요 증가도 역시 인플레이션의 원인이 될 수 없다. 왜냐하면, 위드 코로나로 수요가 증가한 부문도 있지만 감소한 부문도 존재하기 때문이다. 그리고 위드 코로나로 수요가 감소한 부문이 없고 모두 증가하더라도 물가 상승은 코로나 이전으로 수요가 회복된 것에 불과하다. 코로나 이전보다 높은 물가 상승이 발생한다면, 그 이유는 역시 통화량 증가이다.

따라서 인플레이션의 진정한 원인은 통화량 증가이다. 생산량 증가보다 통화량 증가가 많았기 때문이다. 이것은 프리드먼의 주장과도 일치한다. 그는 “인플레이션은 언제 어디서나 화폐적 현상”이라고 주장했다.

현재 심각한 인플레이션의 원인은 경기부양을 위해 통화량을 과도하게 증가시킨 결과이다. 역사적으로도 심각한 인플레이션이 발생할 때 그 이전에는 항상 통화량이 과도하게 증가하였다. 1930년대 대공황 이전, 1970~80년대 석유파동 이전, 1990년대 닷컴 버블 이전, 2008년 금융위기 이전에 항상 통화량의 과도한 증가가 있었다.

이처럼 과도한 통화량 증대는 심각한 인플레이션뿐만 아니라 경제위기를 항상 초래하였다. 이것을 잘 설명하는 경기변동이론이 오스트리아학파 경기변동이론이다. 오스트리아학파이론에 따르면, 인위적인 통화량의 증대는 과오투자와 과소비를 촉진하여 비정상적 호황인 붐(boom)과 심각한 인플레이션을 발생시키며, 과오투자와 과소비를 조정하는 과정에서 버스트(bust) 즉, 경기후퇴와 경기침체를 초래한다.

심각한 인플레이션의 원인은 특정 상황에서 발생하는 특정 재화의 공급 감소 혹은 수요 증가가 아니라, 과도한 통화량의 증가이다. 따라서 인플레이션과 경기변동을 일으키지 않도록 하기 위해서는 통화량을 생산량보다 많이 증가해서는 안 되며, 작금의 심각한 인플레이션에 대한 올바른 대책은 오직 한 가지로서 과도하게 풀린 통화량을 다시 거두어들이는 것이다. 따라서 모든 국가가 통화량을 줄이기 위해 금리 인상을 추진한다. 실제 통화량(화폐 공급)이 감소해야 금리가 상승한다. 각국의 금융통화위원회에서 금리 인상을 결정하면, 금리 인상이 되도록 중앙은행은 통화량을 감소시킨다. 금리 인상은 사실상 통화량을 줄이는 정책이다. 통화량을 감소시키는 정책 이외의 다른 대책은 오히려 문제를 악화시킬 것이다.

물론 통화량 축소로 인한 경기침체와 실업 증가가 수반될 수 있으나, 노동시장을 비롯한 모든 시장에 정부나 노동조합의 간섭이 없으면 조만간 물가안정과 고용안정을 이루는 지속적인 성장이 가능하게 될 것이다.

[저자 약력]

이 승 모

경제학자, 경제평론가
아시아대학교 교수, 대구시청 연구원 역임.
경제학박사(영남대)

저서 : 경제학입문(피앤씨미디어), 현실경제의 이해(유원북스),
독점은 사악한가(유원북스)
역서 : 자유의 윤리(피앤씨미디어), 공공정책과 삶의 질(리버티),
재산권 경제학(문영사)
논문 : '오스트리아학파 경기변동이론의 실증분석 : 한국 사례를 중심으로'
'단체행동권의 경제적 효과'
'불황이론의 토대로서 세이법칙의 재조명' 등 다수

경제적 사고

초판발행 2024년 2월 28일

지은이 이승모
펴낸이 박노일

총괄기획 최준규
편 집 이상민

펴낸곳 피앤씨미디어

경기도 고양시 일산동구 강송로 153 310-1501
등록 제396-2012-000203호
전 화 070)7550-3758 팩 스 02)6280-3758
홈페이지 www.pncmedia.co.kr 이메일 pnc@pncmedia.co.kr
ISBN 979-11-5730-908-5 93320

정 가 15,000원